DO ANALFABETISMO À VIOLÊNCIA

CONTRIBUIÇÕES
DA CIÊNCIA
DA LINGUAGEM

Conselho Acadêmico
Ataliba Teixeira de Castilho
Carlos Eduardo Lins da Silva
José Luiz Fiorin
Magda Soares
Pedro Paulo Funari
Rosângela Doin de Almeida
Tania Regina de Luca

Proibida a reprodução total ou parcial em qualquer mídia
sem a autorização escrita da editora.
Os infratores estão sujeitos às penas da lei.

A Editora não é responsável pelo conteúdo deste livro.
Os Autores conhecem os fatos narrados, pelos quais são responsáveis,
assim como se responsabilizam pelos juízos emitidos.

Consulte nosso catálogo completo e últimos lançamentos em **www.editoracontexto.com.br**.

Maria Cecilia Mollica
Hadinei Ribeiro Batista
Andreia Cardozo Quadrio
Mariana Fernandes Fonseca

DO ANALFABETISMO À VIOLÊNCIA

CONTRIBUIÇÕES
DA CIÊNCIA
DA LINGUAGEM

Copyright © 2020 Maria Cecilia Mollica

Todos os direitos desta edição reservados à
Editora Contexto (Editora Pinsky Ltda.)

Montagem de capa e diagramação
Gustavo S. Vilas Boas

Preparação de textos
Lilian Aquino

Revisão
Vitória Oliveira Lima

Dados Internacionais de Catalogação na Publicação (CIP)

Do analfabetismo à violência : contribuições da ciência
da linguagem / Maria Cecilia Mollica...[et al]. – São Paulo :
Contexto, 2020.
128 p.

Bibliografia
ISBN 978-65-5541-013-6

1. Sociolinguística 2. Linguística 3. Educação 4. Analfabetismo
5. Violência I. Mollica, Maria Cecilia

20-1910   CDD 306.44

Angélica Ilacqua CRB-8/7057

Índice para catálogo sistemático:
1. Sociolinguística

2020

Editora Contexto
Diretor editorial: *Jaime Pinsky*

Rua Dr. José Elias, 520 – Alto da Lapa
05083-030 – São Paulo – SP
PABX: (11) 3832 5838
contexto@editoracontexto.com.br
www.editoracontexto.com.br

Sumário

APRESENTAÇÃO 7

**VIOLÊNCIA, IMPLICAÇÕES LINGUÍSTICAS
E CONVIVÊNCIA ESCOLAR** 13
Contexto atual da escola brasileira na rede pública 13
Índices de violência na escola brasileira 14
Competência linguística e narrativas de experiência 16
Linguística das emoções como enfrentamento de conflitos ... 20
    A transitividade como contraface
    dos eventos de violência 25
    Sintaxe cognitiva e efeitos de causação:
    ciclo de violência verbal 29
    Como a linguagem pode revelar nosso modo de agir? ... 32
    Intervenção pedagógica baseada na sintaxe cognitiva:
    relato de experiência 39
    Como a linguagem pode revelar
    pontos de vista mesclados? 47
    Perspectiva linguística na convivência com o conflito ... 51
    A leitura como ferramenta
    da diminuição da violência em sala de aula 53

PERSPECTIVAS E DESAFIOS NA CONSTRUÇÃO DA LEITURA ... 61

O processamento da leitura ... 61

Quais as contribuições da Psicolinguística educacional para o ensino de leitura? ... 63

Como é o mecanismo da linguagem? ... 65

Como é o mecanismo da leitura? ... 66

Como a consciência fonológica e o reconhecimento das letras pode contribuir para o aprendizado de leitura? ... 68

O aprendizado da leitura em sua etapa inicial ... 72

Como é definida pela lei a leitura em séries iniciais? ... 74

Quais as consequências dessa concepção de leitura para as séries iniciais? ... 76

O aprendizado de leitura em sua etapa final ... 84

Aplicar ou não a metacognição ao ensino de leitura? ... 90

Alfabetização e política pública ... 91

A Linguística e o papel da leitura ... 92

TECNOLOGIA E INOVAÇÃO: PAUTA DA EDUCAÇÃO CONTEMPORÂNEA ... 97

A web nos estudos contemporâneos, na formação docente e na sala de aula ... 97

Sociolinguística em ambiente virtual ... 100

Cyber-rede social, identidade de grupo e tecnologia educacional ... 106

Cyber-rede social no nível universitário ... 107

A importância da tecnologia e inovação na escola atual ... 117

BIBLIOGRAFIA ... 121

OS AUTORES ... 125

Apresentação

Esta é uma obra voltada para professores, estudantes de Letras e profissionais da Educação. Tem como meta demonstrar como a Linguística, com base na Sociolinguística, na Psicolinguística e na Linguística Cognitiva, pode contribuir para diminuir os índices alarmantes do analfabetismo, decorrentes de alfabetização inadequada praticada em nosso país.

O livro assume o desafio de explicar alguns padrões linguísticos que retratam a violência, manifestada verbalmente de diversas formas dentro das escolas, especialmente por parte do aluno vulnerável, desprovido no seu cotidiano de acesso e de apropriação de sintaxes marcadas pela impessoalização, desejável no curso do letramento formal. Demonstra a importância de desenvolver nos aprendizes a consciência do emprego de sintaxe autocentrada para a apropriação de paradigmas verbais com baixo grau de subjetividade e alto índice de informatividade. Atesta que, ao longo da escolarização, o aprendiz é levado à prática de gêneros menos opinativos e à adoção de padrões sintáticos de menor índice de transitividade, segundo os ditames da gramática funcional. Ainda, a obra se compromete a oferecer nova tecnologia, por meio do Sabere, plataforma democrática de linguagem amigável para o cotidiano de sala de aula entre professor e aluno, para fins de diferentes atividades didáticas.

Assim, este livro pensa alguns dos entraves da escola brasileira no que tange ao ensino de língua materna à luz da Ciência da Linguagem. Desde a Constituição de 1988, o país conseguiu universalizar o acesso da população ao ensino nos níveis fundamental e médio, sem, no entanto, garantir qualidade na entrega de educação competitiva mundialmente.

São muitos os motivos de estarmos convivendo com problemas graves. Alfabetização deficiente, ausência de modernas e atraentes tecnologias, ambiente inadequado de estudo estão no rol dos entraves para o bom desempenho das crianças e jovens nos colégios. Cabem, então, as perguntas:

- Há entendimento claro e científico por parte de educadores sobre aquisição e desenvolvimento da linguagem? Sobre a apropriação da cultura letrada? Sobre os gêneros discursivos em desenvolvimento? Sobre as construções linguísticas que os tipificam numa trajetória bem-sucedida ao longo da escolarização? Sobre o adequado ensino de gramática?
- O que a Ciência da Linguagem tem a oferecer?

Os especialistas em Educação sabem que o conhecimento é adquirido em vários espaços. Sabem também que a população da rede privada tem oportunidade de construí-lo

APRESENTAÇÃO

igualmente na família, no meio social que frequenta, em atividades culturais, em viagens, entre outras, enquanto a população da rede pública fica praticamente restrita às agências de letramento, em vista de o meio social, em geral, carecer de quesitos básicos para a sobrevivência das pessoas, com pouca ou nenhuma vinculação com os avanços contemporâneos.

Como enfrentar as diferenças? Como diminuir a desigualdade? Como lidar com a população que só conta praticamente com a escola? Como impedir que os conflitos do meio familiar ingressem no ambiente de aprendizagem? Como melhorar o desempenho do aluno mais vulnerável? O uso da tecnologia pode ser uma saída?

Essas perguntas constituem motivação suficientemente forte para a contribuição das reflexões desenvolvidas neste livro. *Do analfabetismo à violência: contribuições da Ciência da Linguagem* coloca em cena a violência do interior do ambiente de aprendizagem, provavelmente trazida dos contextos de que os alunos são egressos, com o objetivo de introduzir as bases linguísticas em que se assentam algumas ideias sobre como é a linguagem do noviço e como se quer desenvolvê-la no processo escolar.

O livro atesta e analisa o uso de padrões linguísticos e cognitivos que refletem claramente a agressividade das emoções, expressa nas relações que se estabelecem entre discentes na agência escola. Com toda certeza, trata-se de ambiente desfavorável à construção do conhecimento e à apreensão dos conteúdos sistemáticos dos letramentos institucionalizados, nos níveis esperados nacional e internacionalmente.

Os autores deste livro rediscutem o alfabetismo insuficiente como resultado de metodologias não eficazes de ensinagem e de inadequada qualificação docente. Consideram os métodos de alfabetização relevantes, quando se levam em conta princípios importantes da Psicolinguística e da Sociolinguística, para fins de constituir terreno sociocognitivo de aprendizagem singular e prazeroso para cada principiante na educação formal. Repensam as estratégias para o atingimento de aprendizagem face ao ranqueamento sofrível do país nas diversas avaliações nacionais e internacionais, que medem as competências de leitura de nossos alunos que não compreendem o que leem.

No primeiro capítulo, são postos os relatos de episódios de violência não só no espaço escolar como fora dele, entendendo que o cenário contemporâneo encontra raízes em diferentes fontes. Reflete-se sobre a situação em que se encontram as manifestações linguísticas nos espaços educacionais, atualmente, com ênfase nas que fotografam a violência e os conflitos na escola. Focalizam-se as estruturas sintáticas que codificam as construções que expressam *bullying*, tratando-as como padrões linguístico-cognitivos no âmbito da "gramática das emoções". Com efeito, o diálogo para mitigar confrontos exige também especialidade linguística para se entender a lógica gramatical agressor-vítima e assim ser revertida, interceptada e transformada.

No segundo capítulo, atenta-se para o processamento da leitura e para o fracasso escolar. O ambiente inadequado para a construção do conhecimento supõe a consideração de variáveis sociais e culturais que podem obstaculizar o desenvolvimento natural e esperado do aluno mais carente em especial. É, pois, desejável levar em conta os mecanismos sociolinguísticos e psicolinguísticos que norteiam a base cognitiva do ato de ler nos estágios iniciais de noviços, crianças ou adultos.

No terceiro capítulo, a obra traz à baila questões relacionadas ao uso de tecnologia na escola, ao demonstrar a relevância de práticas pedagógicas democráticas na utilização de plataformas digitais interativas. Estamos a falar de espaços virtuais especialmente constituídos para o treinamento da escrita, da compreensão da leitura, da pesquisa e da construção de relatórios qualiquantitativos, distintos do que se conhece hodiernamente como ensino à distância. Advoga-se, assim, a implementação de tecnologia inovadora para trabalhar o aluno de baixa renda, com características sociais vulneráveis, normalmente desfavoráveis à construção do conhecimento. Ressalta-se, então, a premência da construção da *cyber-rede social*, propositalmente relativa à formação de grupos a partir do compartilhamento de traços identitários. O objetivo é o de fomentar a interação e o diálogo entre os atores da escola na busca do preenchimento de lacunas quanto à formação de redes sociais no contexto digital. A compreensão é a de que recursos tecnológicos devem também servir para a compilação e exploração de *cybercorpus*, para o mapeamento dos perfis sociais do aluno alvo a ser favorecido. Os resultados do emprego das plataformas apontam para a enorme vantagem de se recorrer à tecnologia na formação de discentes pesquisadores e na capacitação de docentes em linguagem.

    Com este livro, entende-se ser imprescindível lidar com a violência na escola, situação que mina o habitat adequado para o estabelecimento de vínculos saudáveis entre docentes e discentes para a construção do conhecimento. Considera-se procedente a implantação de tecnologia eficaz em linguagem, arquitetada como investimento inovador para a educação atual e para as bases linguísticas teóricas e metodológicas de uma alfabetização consequente.

Violência, implicações linguísticas e convivência escolar

CONTEXTO ATUAL DA ESCOLA BRASILEIRA NA REDE PÚBLICA

Neste capítulo, abordamos a relação entre violência verbal e padrões linguísticos e cognitivos envolvidos, descrevendo a sistematicidade no emprego de construções sintáticas recorrentes nas manifestações de xingamentos entre os alunos. Apresentamos, para isso, relatos de episódios de violência não só no espaço escolar como fora dele, entendendo que o cenário contemporâneo encontra raízes em diferentes fontes e que as ações empreendidas para a solução do problema situam-se na escola e para além da escola.

Os episódios de violência e de indisciplina por parte dos alunos não param de aumentar no Brasil as estatísticas de uma escola deseducada, sem hierarquias claras nem lideranças, vivenciada por população heterogênea em nível sociocultural, em atitudes e em resultados quanto a habilidades aprendidas.

Esse quadro é contemporâneo ou já vem de longa data? Como lidar com o aluno de hoje? Que ações efetivas devem ser tomadas para minorar a situação? Que profissionais devem atuar? O professor é a vítima? O aluno é a vítima? A quem se atribuem as responsabilidades?

Eis as principais questões para apenas iniciar a abordagem sobre o assunto. Eis também os motivos de aprofundarmos o entendimento acerca da aquisição da linguagem, seu desenvolvimento e desdobramentos ao longo da construção formal do conhecimento.

ÍNDICES DE VIOLÊNCIA NA ESCOLA BRASILEIRA

O site da EducaBras[1] informa que, segundo a Unesco, "50% do corpo docente de São Paulo e 51% do de Porto Alegre já relataram terem sofrido algum tipo de agressão". Os alunos, em geral, não falam e os professores não confrontam os alunos por medo. Ainda segundo a pesquisa, "53% dos colégios particulares não tomam os cuidados necessários para evitar a ocorrência de incidentes violentos e proteger alunos e professores. Na rede pública, esse número sobe para 65%".

A violência se materializa de diversas formas: por roubo, agressões físicas e verbais, estupros e pressão psicológica. Alguns alunos estão envolvidos com o tráfico de drogas e tal pode ser uma das principais razões da situação da escola contemporânea no Brasil nos grandes centros. Os governos admitem a violência nas escolas, mas não têm tido uma atuação consequente para mitigar a violência ou extingui-la.

São graves as consequências, desde ausência de aprendizagem, problemas psicológicos, até o êxodo maciço dos estudantes. Como entender todos os fatores e condições dos ambientes de conflito e de violência? Haveria uma crise pedagógica? Uma crise da família? Uma crise da sociedade?

Dados recentes da Organização para a Cooperação e Desenvolvimento Econômico (OCDE) colocam o Brasil com o pior índice no mundo. Uma pesquisa do Sindicato dos Professores do Estado de São Paulo aponta que 44% dos docentes declaram que já sofreram agressões e 83% que já presenciaram, 74% falam em agressão verbal, 60% em *bullying*, 53% em vandalismo e 52% em agressão física.

Há quem avalie que a impunidade é responsável por estatísticas tão alarmantes e pelo afastamento de inúmeros docentes da sala de aula. Além de exigir muito de um profissional, a docência, nessas condições, tem adoecido os mestres com quadros psiquiátricos relevantes a ponto de impedir seu retorno às escolas. A mídia alardeia a situação, muito se debate quanto à disciplina na escola e passou da hora de os pedagogos lograrem êxito na implementação de ações já bem conhecidas.

Autores como Parrat-Dayan (2015) denunciam a indisciplina como fenômeno mundial e explicam os vários ângulos envolvidos no contexto das sociedades modernas. Castilho (1998) lembra que a escola de hoje pertence a um momento de profunda concentração urbana em grandes centros com um aluno que tem que se adaptar a um contexto distante de sua realidade de origem, situação por si só conflituosa.

Para Andrea Ramal, "esta é a geração de cristal: de quem não se pode cobrar nada, que não tem noção de nada".[2] A visão da especialista em Educação emparelha-se à de psicólogos que entendem que os pais não estabelecem limites nas ações dos filhos. Para Fraiman (2019), trata-se da "síndrome do imperador", responsável por comportamentos disfuncionais dos filhos, numa troca de lógica pela qual os filhos controlam psicologicamente os pais.

São muitos os textos que apresentam modos de lidar com a situação. Em geral, são recomendações para melhorar a atenção com os alunos, para se estabelecer contínua interação, para se reatar o diálogo perdido. Não há, até o momento, um olhar sob o viés linguístico propriamente.

Haveria recursos da Ciência da Linguagem para lidar com o problema?

COMPETÊNCIA LINGUÍSTICA E NARRATIVAS DE EXPERIÊNCIA

Os estudiosos da linguagem humana já reuniram vasta literatura que comprova que a aquisição da linguagem se dá espontaneamente em tenra idade e tal é um processo involuntário e inexorável. Dele resulta a aquisição da nossa competência na língua nativa. Seja qual for o território em que o falante ouvinte ou surdo tenha nascido, o indivíduo saudável adquire um sistema linguístico. Esse conhecimento adquirido em razão de herança genética compõe a forma, talvez a mais complexa de comunicação humana, e a base para outros saberes aprendidos.

O *input* dos dados da língua a que o nativo é exposto, conjuntamente com a frequência variável das estruturas à disposição, formam o insumo suficiente para a constituição da representação mental da gramática da língua mãe. Tal gramática encontra-se completamente internalizada até os 3 ou 4 anos de idade de um falante nativo, contudo, não é a mesma dos livros e compêndios escolares da "matéria" denominada tradicionalmente Português, se estamos pensando no aluno brasileiro.

O conhecimento gramatical adquirido espontaneamente logo após o nascimento corresponde ao que tecnicamente em português chamamos de "competência linguística", numa tradução direta do inglês do termo *competence*. Essa reúne o conhecimento completo da gramática da nossa língua, entendida aí como um sistema de parâmetros que distingue nossa língua das demais. E nós sabemos as estruturas que pertencem à nossa língua em comparação às que não pertencem: toda criança que tem o português como língua nativa não vai processar, por exemplo, 'o livros' porque não identifica a sequência como da sua língua, da sua gramática, mas a criança nativa do inglês reconhece o sintagma 'the books' como completamente natural porque é possível no sistema da língua inglesa o artigo sem a marca do plural anteceder o nome substantivo.

A essa competência nos referimos quando pensamos numa gramática adquirida antes da escola. É a gramática que nos habilita a compreender todos os enunciados emitidos da nossa língua nativa e a ter uma *performance*, de início, próxima dos estilos bem informais. Também se deve lembrar que o desempenho que temos nos primeiros anos corresponde a uma *performance* oral (no caso dos ouvintes) e gestual (no caso dos surdos).

O gênero inicial nas crianças ou mesmo num adulto pouco letrado resume-se a narrativas de experiências do cotidiano ou a discurso recontado, com características próximas das histórias e dos *causos* de aventuras, de vivências, de certa forma, limitadas ao contexto social de sua comunidade. As narrativas produzidas inicialmente são autocentradas em que a principal função da linguagem encontra ênfase no emissor com forte prevalência de emotividade. Por meio delas, as emoções são amplamente expressas, e não há qualquer preocupação em contê-las.

Ao chegar à escola, os alunos apresentam o predomínio de narrativas plenas de estruturas gramaticais no modo ativo, com base no padrão canônico svo (sujeito, verbo, objeto), no caso do português. Não se observa qualquer preocupação em tornar o agente impessoal, em distanciar o narrador da ação. Ao longo do letramento formal, esse padrão vai sendo modificado e se tornando mais complexo em outros gêneros discursivos até atingir o gênero acadêmico, cujo alvo é o conteúdo proposicional, sendo a impessoalização uma imposição.

Assim também os aprendizes oriundos de contextos de alta vulnerabilidade produzem narrativas com predomínio de emissão de opiniões que muito se distanciam de avaliações e percepções com base científica. Apresentam enunciados que refletem experiências corriqueiras das interações das pessoas com seus pares no âmbito da comunidade em que estão inseridos.

Esses alunos comumente se envolvem em situações de conflito, em especial na convivência que estabelecem no cotidiano escolar, utilizando opiniões com o objetivo de atingir linguisticamente o outro com atributos positivos ou negativos. A linguagem da escola agressiva e em conflito, em que os alunos travam disputas e se confrontam em atitudes, brigam por traços identitários, negam as diferenças e repudiam as características dos colegas, é identificada como um discurso com alta taxa de subjetividade. As construções sintáticas estão longe das estratégias linguísticas de impessoalização, cuja complexidade deve ser construída ao longo dos anos de escolarização. O que verificamos nos alunos, porém, é a permanência do discurso narrativo autocentrado, subjetivo, pouco ou nada norteado pelos saberes multidisciplinares diariamente ensinados no processo educacional.

A convivência escolar resultante prioritariamente de relações sociais de conflito, de desarmonia, de desassossego, de indisciplina e de falta de interesse e compromisso pelo saber acadêmico pode ser verificada nos discursos dos discentes. Os padrões sintáticos do sujeito, ora agente ora paciente, trazem à tona um aprendiz que, no ambiente escolar, mostra-se pouco afetado pelos ensinamentos escolares. As reclamações dos docentes são recorrentes e os embates pessoais permanecem.

Como dar um passo adiante? Como fazer a diferença? Como ajudar esse aluno vulnerável a se tornar um sujeito do saber, da reflexão, do diálogo, da autocrítica, um avaliador de suas ações e de seu papel social na convivência com o outro, consigo mesmo e com a sociedade de modo geral?

Cabe explicitar a imutabilidade linguística do aprendiz pouco ou nada transformado pela escola atual. A Linguística das Emoções, novíssima orientação na Ciência da Linguagem, ocupa-se da compreensão das estruturas sintático-cognitivas eivadas de intenções, de emoções conflituosas. Sua base na Linguística Cognitiva joga luz no entendimento da violência percebida nas interações verbais.

LINGUÍSTICA DAS EMOÇÕES
COMO ENFRENTAMENTO DE CONFLITOS

O papel da sintaxe em episódios de conflitos, mobilizados por emoções em contextos de violência verbal como o *bullying*, não recebeu ainda notório enfoque em estudos científicos. A relação linguagem-emoção é discutida na literatura acadêmica no âmbito do léxico, seja em descrições de categorias lexicais como o estatuto morfossintático das interjeições (Ameka, 1992; Gonçalves, 2002; Gehweiler, 2008; Batista, 2013), seja em estudos que focam grupos de palavras empregadas pelos falantes para descrever um estado emotivo, como medo, desgosto, orgulho, ódio e amor (Lindquist et al., 2006).

Claro é o papel da sintaxe na captura de relações de conflito em episódios de violência, em que é possível não apenas decompor os constituintes sintático-cognitivos dos interactantes nos atos de violência em que estão envolvidos – ofensor-vítima-espectador – como também explicitar fluxos e refluxos dos processos cognitivos responsáveis pelos papéis sintáticos assumidos pelos sujeitos nas experiências sociais em contextos de *bullying*. Verificar os padrões sintáticos significa contribuir linguisticamente tanto para o entendimento da natureza comportamental de alunos em eventos de violência verbal, quanto para a formulação de futuras políticas afirmativas na intervenção desses eventos no contexto intraescolar.

Focamos a atenção nas estruturas sintáticas motivadas pelo contexto de *bullying*, considerando os estudos já existentes descritos na literatura referente à atuação de reconstrução e de ampliação das sintaxes cognitivas dos aprendizes em fase escolar fundamental. Registra-se, no entanto, a inevitável necessidade de diálogo com outras fontes de conhecimento, nas fronteiras da Ciência da Linguagem, que privilegiam a cognição e o comportamento humano em busca de intervenções eficazes em eventos de violência na esfera educacional do país.

Já é possível encontrar iniciativas interessantes quanto ao tratamento da convivência escolar, viabilizadas pela Justiça Restaurativa (JR). De acordo com cartilha produzida pelo Ministério Público do Rio de Janeiro, a JR constitui-se de uma alternativa de mediação de conflitos na qual todas as partes envolvidas "reúnem-se para resolver coletivamente a forma de lidar com as consequências da ofensa e suas implicações para o futuro".[3] É como uma câmara de conciliação em que, com a ajuda de um mediador capacitado, busca-se estabelecer um diálogo entre as partes afetadas de modo a compreender os fatos e os efeitos gerados pelo ato infracional e/ou de incivilidade.

Nesse domínio, prioriza-se o diálogo na recondução de soluções que atendam às necessidades das partes envolvidas, dessa vez sob um viés linguístico-cognitivo. Entende-se que a busca para o tratamento da violência escolar é de natureza multidisciplinar. É na confluência de saberes e na complementaridade das ações que se encontra a maneira mais completa e eficiente para atuar em um tema tão complexo e urgente no atual espaço escolar. É possível, pois, apontar a direção do tratamento de casos de conflito e de uso da força e confirmar a eficácia de novo modo de apropriação e circulação da linguagem, além da sua relação com os estados emotivos do falante com o fito de proporcionar à escola a chance de desenvolver sua efetiva função (Mollica, 2007), a de produzir leitores de textos e leitores do mundo.

Lançamos mão dos efeitos de causação de Lakoff e Johnson (1980), dos traços de transitividade de Hopper e Thompson (1980), assim como dos recursos da gramática sistêmico-funcional de Halliday (1994) para nos auxiliar na análise do que nomeamos de sintaxe cognitiva, presente em textos produzidos por adolescentes de escola pública de periferia. São relatos de experiência em situações de *bullying* vivenciados no contexto escolar.

O termo "cognitivo" em uma acepção básica, para além da percepção e atenção, envolve processos relativos ao planejamento e execução de ações. Brandimonte et al. (2006: 3) assim definem "cognição":

> [...] cognição de fato refere-se ao processo mental pelo qual input externo e interno é transformado, reduzido, elaborado, armazenado, recuperado e usado. Como tal, envolve uma variedade de funções, tais como percepção, atenção, codificação de memória, retenção e recordação, tomada de decisão, raciocínio, solução de problemas, geração de imagens, planejamento e execução de ações. Tais processos mentais envolvem a geração e o uso de representações internas em diferentes graus e podem operar independentemente (ou não) em diferentes estágios de processamento. Além disso, esses processos podem, em alguma medida ser observados ou, pelo menos, empiricamente provados, oportunizando investigação científica por meio de métodos semelhantes aos das ciências naturais. (tradução nossa).[4]

Os empregos verbais dos interactantes em eventos de violência verbal correspondem a processos cognitivos emotivamente incitados pela participação ativa (ou não) nos contextos de *bullying*. Tal equivale a dizer que os padrões sintáticos produzidos pelos adolescentes se mostram reveladores de sua atuação e grau de envolvimento nos atos de violência verbal bem como na recondução da participação das crianças e jovens, seja como ofensor ou vítima do processo.

O vocábulo 'emoção', cuja definição ainda não se tornou consensual entre pesquisadores (Lindquist et al., 2006), é compreendido no campo como o estado psicológico experienciado em contextos de *bullying* que conduz o experienciador a reagir ou a se comportar verbalmente, quando se assume ou se coloca em papéis sociais interactantes de vítima ou de ofensor, que podem ser capturados pelos padrões sintáticos da língua.

Já se sabe que o letramento escolar (Kleiman, 1995) inclui o domínio da escrita e concorre para uma diferença no pensamento. Conforme Luria (1976) e Ong (1988), a lectoescrita instaura as competências de categorização, classificação, por exemplo. O indivíduo letrado expande narrativas pessoais autocentradas para gêneros que exigem operação de discurso indireto e que supõem o emprego de estratégias gramaticais complexas, como construções passivas, por exemplo.

Na tradição sociolinguística, temos asseverado que a variação linguística constitui processo natural das línguas orais e de sinais que não remetem à ideia de formas melhores ou piores. Afirmamos haver estruturas diferentes para se expressar a mesma ideia e que o dinamismo das línguas é um princípio universal. Esse já é um saber dado, indiscutível, tacitamente assentado na literatura linguística.

No entanto, os usos nos contextos reais, quase sempre operados por processos metafóricos de efeitos de causação (Lakoff e Johnson, 1980), podem remeter à rivalidade entre alunos, a formas depreciativas entre colegas, facilmente associadas à competitividade. São manifestações que expressam e desvendam violência verbal nada compatível com o espaço das salas de aula.

Com efeito, a produção textual dos alunos oferece pistas sobre a ação social dos atores da escola atual para responder às perguntas (1) e (2).

1. Como entender melhor a cognição humana e implantar intervenções pedagógicas eficazes?
2. Como obter compreensão acerca da conduta social hodiernamente praticada por meio de alternativas linguístico-cognitivas?

Em estudo realizado com textos de alunos de 5º ano sobre a temática *bullying*, identifica-se correlação entre o efeito da variável social vulnerabilidade com a prevalência de sintaxe que indica experiência rotineira com violência em escola pública de periferia (Batista, 2017; 2018). Nesse espaço, cabe um plano de intervenção pedagógica em que se explicite para o sujeito a sintaxe que impacta suas relações sociais (Batista, 2018).

De acordo com Fauconnier (1997), a linguagem, entendida como um meio para 'fotografar' nossa maneira de pensar, agir e comunicar funciona como recurso indireto para revelar nossas vivências sociais ou experiências do nosso dia a dia. O pensamento, de modo geral, é construído a partir de operações mentais complexas, motivadas pelos *inputs* e *outputs* decorrentes da nossa interação com o mundo, com o outro, com o tecido social em que estamos imersos. Como manifestação proeminente do nosso pensamento, a linguagem pode vir a ser, de alguma maneira, a porta de acesso à nossa conduta social relacionada à maneira de agir nos diferentes contextos.

A transitividade como contraface dos eventos de violência

Como verificar os domínios cognitivos a partir da gramática enquanto forma de elucidar o que entendemos como sintaxe cognitiva?

Martellota e Areas (2003) explicam que a gramática funcional deve ser entendida como uma série de recursos para descrever, interpretar, fazer e significar cultura. Halliday (1994), ao tratar da gramática sistêmico-funcional, apresenta diferentes funções da linguagem ou metafunções. Uma delas é a ideacional, em que a linguagem é utilizada como forma de representação do mundo ou da experiência humana. O autor argumenta que a transitividade pode funcionar como uma 'fotografia' de uma determinada cena.

Por exemplo, no enunciado "O homem de camisa branca que está sentado na cadeira perto daquela senhora de vermelho", a linguagem foi empregada para descrever um evento no mundo, funcionou como uma forma de representação de um estado de coisas no mundo. A transitividade diz respeito ao fato de existir um 'certo' homem, que está sentado em um lugar específico. Nessa análise, a linguagem serve como forma de descrição fiel da cena, como normalmente se faz com uma fotografia.

Muito embora a representação verificada no exemplo seja para codificar uma cena estática, há construções transitivas que dizem respeito ao nosso modo de agir socialmente. Em uma estrutura como "Eu empurrei o sofá para a direita", a transitividade também é de representação de um acontecimento no mundo, que subjaz uma ação de um sujeito em primeira pessoa. Assim, a sintaxe cognitiva, de certa forma, vai ao encontro do entendimento de Halliday para o sistema de transitividade como forma de representação de situações que ocorrem no nosso dia a dia. A novidade é que o foco recai sobre o modo como um sujeito interage com o outro e participa de situações de violência em vivências cotidianas.

Hopper e Thompson (1980: 251) entendem a transitividade como uma propriedade global de uma sentença completa em que uma atividade é executada ou transferida de um agente a um paciente, ou seja, a transitividade envolve pelo menos dois participantes e uma ação que é efetiva de alguma maneira. De acordo com os autores, as sentenças podem ser mais ou menos transitivas com base em um conjunto de parâmetros que estabelece um *continuum* entre sentenças com transitividade alta e baixa.

Dentre o conjunto de traços, encontram-se: (a) número de participantes (um ou mais), cinesia (ação/não ação), telicidade (perfectivo/não perfectivo), pontualidade (pontual/não pontual), intencionalidade (intencional/não intencional), agentividade do sujeito (agentivo/não agentivo), polaridade (afirmativa/negativa), modalidade (modo realis/modo irrealis), afetamento do objeto (afetado/não afetado) e individuação do objeto (individuado/não individuado). A individuação do objeto se organiza em subcategorias que contrapõem: (a) próprio/comum, (b) humano-animado/inanimado, (c) concreto/abstrato, (d) singular/plural, (e) contável/massivo, (f) referencial/definido x não referencial. Desse modo, o grau de transitividade de uma sentença correlaciona-se ao número de traços descritos que ela carreia.

Os efeitos de transitividade nos textos sobre *bullying* aqui analisados aparecem em graus diferenciados de transitividade a depender da construção sintática da sentença e do sentido e relação do verbo com seus argumentos:

(1) [...] ele me chamava de dentinho [...]

Em (1), embora o verbo 'chamar' tenha sido empregado com a acepção de *apelidar* alguém, observamos uma transitividade bastante alta, dado que a interação entre os dois participantes engloba a quase totalidade dos traços de transitividade: agente individuado, afirmativo, pontual, real, volitivo e objeto afetado. Nesse caso, a cinesia entre o objeto afetado e o agente em potencial é direta e individualizada. Mesmo o objeto/indivíduo sendo apenas um experienciador da ofensa, ele é afetado por ela de alguma forma. Diferentemente da agressão física, cujo afetamento seria mais prototípico na escala da transitividade, a agressão verbal é também resultado da ação de agredir.

Em (2) a seguir, embora a denúncia da estudante possa ser intercambiável com a construção "Alguém me chamou de 'quatro olhos...", a sentença é fragilmente cinésica e volitiva. O agente sequer aparece como sujeito. É a estudante que relata ser experienciadora (indireta?) de uma situação de violência psicológica. A aprendiz toma para si uma ofensa que não necessariamente teria sido dirigida a ela. Trata-se de uma atividade mental em que a própria aluna se enquadra na avaliação de um outrem.

(2) [...] eu estava com minhas amigas na cantina e ouve (ouvi) quatro olhos, feiosa, bola murcha, banquela, orelha seca.

Há ainda construções em que a experiência com o *bullying* é apenas testemunhada:

(3) Eu já presenciei os alunos do 9º ano e do 8º ano chamar os alunos menores de tampinha.

A transitividade em (3) é tipicamente baixa, pois envolve a experiência de apenas um participante, como testemunha da violência. Nessa situação, o objeto não é afetado, e o sujeito é apenas experienciador/espectador de um ato de *bullying*. O que percebemos, na maioria dos casos relatados nos textos, é um julgamento de valor que diz respeito a atribuições físicas, de cor/raça, gênero, entre outros.

É interessante destacar que o nível de transitividade das sentenças analisadas não se correlaciona diretamente com os estados emotivos dos participantes. Pelos traços de transitividade, as sentenças analisadas podem ser agrupadas na escala: 1 > 2 > 3. No entanto, o espectador ou testemunha em (3) pode, emotivamente, ter sofrido ou ficado tão triste quanto o indivíduo afetado no ato da violência reportada em (1) e (2), embora a sentença tenha menor transitividade do que (1) e (2) respectivamente. Assim como a estudante em (2) pode ter se sentido mais ofendida do que o indivíduo afetado em (1), o que queremos mostrar é que a descrição dos atos de violência verbal nos termos de Halliday (1994) bem como o nível de transitividade das sentenças deixam entrever as diferentes experiências que os adolescentes têm com os eventos de *bullying*.

Os enunciados altamente transitivos, a exemplo de (1), são típicos na fala de aprendizes que declaram viver na pobreza extrema e, como veremos adiante, são os enunciados que mais mobilizam emoções e reações aos atos de violência. Essas sentenças constituem construções na ordem canônica do português brasileiro (SVO) com agente em potencial e objeto/indivíduo afetado psicologicamente.

Os aprendizes que mais frequentemente experienciam os atos de violência verbal com essa construção sintática e nível de transitividade são os que mais revidam, reagem e provocam deslocamentos contínuos entre os papéis de agente (ofensor) e paciente (vítima/afetado). Esse ciclo de agressividade que se mostra altamente responsável pelos conflitos verbais no ambiente escolar é explicado em detalhes a seguir.

Sintaxe cognitiva e efeitos de causação: ciclo de violência verbal

Lakoff e Johnson (1980), ao tratarem dos efeitos de causação (*causation*), argumentam que a *causação direta* envolve um conjunto de propriedades:

1. O agente tem como objetivo alguma mudança de estado no paciente. A mudança de estado é física.
2. O agente tem um "plano" para atingir esse objetivo.
3. O plano requer o uso pelo agente de um programa motor.

4. O agente controla esse programa motor. O agente é o principal responsável pela execução do plano. O agente é a fonte de energia (isto é, o agente está dirigindo suas energias em direção ao paciente), e o paciente é o objetivo da energia (isto é, a mudança no paciente é devido a uma fonte externa de energia).
5. O agente toca o paciente com seu corpo ou um instrumento (ou seja, há uma sobreposição espaço-temporal entre o que o agente faz e a mudança no paciente).
6. O agente executa com sucesso o plano.
7. A mudança no paciente é perceptível.
8. O agente monitora a mudança no paciente através da percepção sensorial.[5] (Lakoff e Johnson, 1980: 70; tradução nossa)

Em princípio, há um agente específico e um paciente específico, mas pode haver casos menos ou mais prototípicos. Uma questão central dessa análise de Lakoff e Johnson (1980) reside no fato de um dado conceito de causação, que emerge de nossa experiência, poder se aplicar a uma noção metafórica. Lakoff e Johnson utilizam o seguinte exemplo: "'Harry levantou nossa moral contando piadas', [...] temos um exemplo de causalidade em que o que Harry fez a nossa moral aumentar, como na metáfora FELIZ É PARA ACIMA" (1980: 72; tradução nossa).[6]

Advém dessa análise que, muito embora não se trate de mudança de estado de objetos, mas de atos de violência como a prática de *bullying*, estão presentes entidades que compartilham traços prototípicos de efeito de causação, em que um agente específico causa prejuízo emocional em um paciente ou sujeito afetado. Substancialmente, observamos, no exemplo de Lakoff e Johnson, a decomposição de um enunciado emergente cuja estrutura básica é um conceito metafórico. De enunciados emergentes (no caso, causativos) podemos retirar conceitos mais abstratos e metafóricos e isso não impede a extração de sistemas cognitivos complexos com potencial de apontar maneiras de agir socialmente das ou nas pessoas.

Observamos um sistema cognitivo básico em situações de violência, em tese a prática de *bullying*, com destaque para os papéis de vítima, de ofensor e de espectador. No caso de grupos mais e menos marginalizados, averiguamos operações de sistemas cognitivos diversos a partir das construções gramaticais empregadas pelos estudantes.

Como exemplo, no enunciado a seguir, cuja vítima é uma professora, a construção sintática é típica da relação ofensor-vítima. A partir dessa construção, comum na cognição dos estudantes que vivem na pobreza extrema, foi possível abstrairmos seu impacto na conduta social dos discentes. A sintaxe cognitiva neste enunciado pode ser assim esquematizada:

1. Já (eu) chamei a (xxxx[7]) de doida varrida.

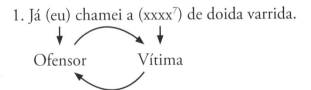

Como ocorreu com a noção de conceito metafórico a partir de um enunciado emergente (Lakoff e Johnson, 1980), utilizamos o mesmo raciocínio para extrair o sistema cognitivo 'ofensor-vítima'. O que esse esquema mostra é que o aluno possui para o contexto de *bullying* ou de violência uma estrutura cognitiva em que aciona uma relação sintática entre ofensor e vítima (agente x paciente). O que colocamos em tese é a possibilidade de acessar a cognição humana a partir da linguagem e a de verificar de que modo o sistema cognitivo guia o sujeito em suas experiências de vida.

Como a linguagem pode revelar nosso modo de agir?

Exploramos um conjunto de textos coletados em ambiente virtual. Os textos versaram sobre a temática do *bullying* e foram digitados diretamente na plataforma, que controla inúmeras variáveis sociais, dentre elas a vulnerabilidade. Foram produzidos por estudantes de uma escola pública que atende alunos de baixa renda, moradores de comunidades de fragilidade social. Agrupamos os textos em (1) recebem bolsa-família e (2) não recebem bolsa-família, sendo (1) o grupo representante de maior vulnerabilidade e (2) de menor vulnerabilidade. Totalizamos 54 textos, dentre os quais 23 para (1) e 31 para (2).

Os enunciados nas duas colunas mostram dois tipos de construções sintáticas encontradas nos dois grupos. Esses enunciados foram os mais frequentes de acordo com o levantamento feito através do sistema Antconc.[8]

Recebe bolsa-família	Não recebe bolsa-família
1. Eu chamei xxxxx de mendigo. 2. Já chamei a xxxx de doida varrida. 3. Chamei xxxx de viado e xxxxx de ET. 4. Já chamei xxxx de mcbilanden. [Bin Laden] 5. Um dia eu o chamei de queloide e de ipopotamo. [hipopótamo] 6. Já chamei xxxx de pilhoenta. [piolhenta] 7. Um dia dois meninos me chamaram de ti beisa e lucianohulk. 8. Teve um dia nesse ano e estava na hora do recreio que o xxxx me deu um impurrão que eu caí e bati o braço. 9. Teve um dia que eu estava na escola e estava no recreio no ano passado eu estava com a [...] os meninos chegou e começou a colocar apelido [...]	1. era um dia no meu apartamento eu ia brincar com meus amigos e ai veio um menino e chamou meu amigo de pirata. 2. Um serto dia essa amiga minha foi suada de 4 olhos. 3. Eu já presenciei os alunos do 9º ano e do 8ºano chamar os alunos menores de tampinha. 4. Eu ja presenciei o bulling verbal na rua uma mulher na rua foi compra pão só que ela ia trabalha e ela era gordinha ou sejacheinha, ai ela estava com presa ai ela perguntou se ia demora o pão ai o padeiro começou a chingar [...] 5. Eu numca sofri bullying na escola mas tem pessoas que sofreram bullying na escola.

Para os alunos que declararam receber bolsa-família, atesta-se tendência maior ao padrão ofensor-vítima. Observe-se que, em todos os enunciados do grupo (1), há um sujeito que age com agressão e um sujeito ofendido. Esses sujeitos participam ativamente do ato de violência. Para o grupo (2), o sistema cognitivo tende a ser diferente. A sintaxe aponta para uma experiência com o *bullying* em que o sujeito não age nem como *ofensor* nem como *vítima*, mas como *espectador* dessa forma de violência.

No laboratório feito na escola,[9] cujo objetivo era monitorar o comportamento social desses atores, constatamos que os discentes do grupo (1), sempre que envolvidos em situações de conflito, se assumiam como ofensores quando se deslocavam para a posição de sujeito, alimentando um ciclo *ofensor-vítima* que, a depender da situação, prolongava-se a ponto de se tornar agressão física.

As ocorrências registradas na coordenação sobre esses estudantes confirmaram o diagnóstico. Em uma situação de o professor xingar, por algum motivo, um desses estudantes, o aluno revidava e, se o professor prosseguia com o xingamento, o ciclo ganhava força, uma vez que o estudante, ao assumir a posição de sujeito, ofendia ou agredia de alguma maneira seu professor.

Pelo fato de, na posição de sujeito, o estudante se colocar no direito de disferir quaisquer desaforos ao professor e este, por sua vez, dever se limitar em relação às ofensas, o ciclo chegava ao limite da saturação e o caso era encaminhado para a coordenação. Sempre que a intervenção reproduzia o ciclo iniciado pelo professor, o estudante se assumia novamente como ofensor e, saturado o ciclo, o fluxo seguia para a direção e assim por diante.

Isso mostra que a sintaxe presente no cognitivo da criança para situações de violência, no grupo (1), esquema *ofensor-vítima*, espelha a conduta social desse sujeito. Pela lógica, sempre que vitimado, ofendia.

Tal mecanismo não foi verificado com a mesma frequência e com o mesmo teor para os estudantes do grupo (2). O interessante é que esse comportamento é generalizado, independentemente se o ciclo se dá com o professor, com algum colega, com a coordenação, com a direção ou mesmo com a intervenção militar, para os casos de infração. Esse ciclo pode ser assim esquematizado:

(a) Eu chamei xxxxx de mendigo.
Ofensor   Vítima

Empreendemos também um levantamento dos itens lexicais de conotação pejorativa nas produções textuais na escola. Os Quadros I e II arrolam os itens mais produtivos, os contextos de uso e a relação por gênero/sexo.

QUADRO I
Relação de itens pejorativos – sexo feminino

SEXO FEMININO	
PALAVRAS	CONTEXTO
esqueleto, leite azedo, bola, quatro olho	[...] colocar apelido assim: esqueleto, leite azedo **** bola maria quatro olho [...]
feia	[...] sentar com menina feia [...]
feia, macaca	[...] falando que eu era feia, macaca [...]
gorda	[...] eu quando entrei na escola me chamou de gorda [...]
gordo, maldito, caixa d'água	[...] todo mundo chama ele de gordo maldito caxa dagua [...]
zika vírus	[...] chama ele de zika vírus [...]
triste, gordo (a), triste	[...] as pessoas de mais ...e isso me deixo muito triste chamarem as pessoas de gordo (a) machuca ainda mais , porque eu ja fui gorda e sei que e muito ruim [...]

machuca, ruim	[...] eu acho que isso e muito ruim machuca as pessoas de mais [...]
quatro olhos, feiosa, bola murcha, banquela, orelha seca	[...] eu estava com minhas amigas na cantina e ouve quatro olhos, feiosa, bola murcha, banquela, orelha seca [...]
sofri	[...] sofri bullynig do xxxxxx [...]
sofri, magrela, annabelly	[...] eu ja sofri muito bullyng me chamarao de magrela annabelly [...]
tampinha, abusando	[...] chamar os alunos menores de tampinha, abusando da sua altoridade de ser mais velho para fazer o bullying [...]
baixinha, gordinha	[...] quando eu tinha 4 anos eu era baixinha gordinha [...]
medo	[...] eu ia para a creche com muito medo [...]
Dentinho	[...] ele me chamava de detinho [...]
feia, macaca	[...] falando que eu era feia, macaca [...]
monica dentuça	[...] me chamava de monica, tendusa [...]
pereba	[...] fica falando que a gente e pereba [...]
macaca preta	[...] um seguidor chamoa de maca preta [...]

QUADRO II
Relação de itens pejorativos – sexo masculino

SEXO MASCULINO	
PALAVRAS	CONTEXTO
gordinho, baleia, balofo, bola de futebol, homem bola	[...] algumas pessoas me chamaram de gordinho, baleia, balofo, bola de futebol e homem bola [...]
sofri	[...] tambenja sofri muntos apelidos [...]
rouba	[...] tiver\xE3p que rouba um frango [...]
gordo, baleia, porco, tubarão	[...] chamava ele de gordo baleia porco tubarao etc [...]
preto	[...] ele zuo o menino de preto [...]
macaco preto	[...] um menino chamou di macaco e preto [[...]
chato	[...] ele chamou de chato [[...]
chute	[...] me deu um chute [...]
esqueleto	[...] chamei a xxxxxx de esqueleto [...]
gordo, feio gurduroso	[...] ja chamei eles de gordo feio gurduroso (...)
esqueleto, viado	[...] chamei a xxxxxx de esqueleto e oxxxxxx de viado [...]
pretão, leite azedo	[...] chamano o outro de pretao e o outro de leite azedo [...]
ete, mc bin laden, cearense	[...] chamei o xxxxx de ete o xxxxxx de p\xE9 grande o xxxxxx de mc bilanden a xxxxxx de cear\xE1 [...]
quemadinho, bosta, gozar, insultar	[...] Alabullyng ;pequeno, quemadinho, bosta, gozar, apelida insultar uma pessoa [...]
bronca	[...] mais sempre levamos bronca. [...]
bundao	[...] me chama de bundao [...]

ipopotamo, cearense, calopicita	[...] Um dia eu o chamei de queloide e de ipopotamo e de cearence e Um de calopicita e o outro de bob esponja [...]
castigo	[...] Deve se dar um castigo para essas pessoas [...]
gordinha, cheinha	[...] ela era gordinha ou seja cheinha [...]
xingar	[...] o padeiro come\xE7ou a chingar [...]
bateu, chutou	[...] me bateu me chutou [...]
doida varrida, piolhenta	[...] chamei a xxxxxx de doida varrida axxxxx de pilhoenta [...]
mendigo do esgoto	[...] Eu chamei o xxxxxx de mendingo do esgoto [...]
girafa	[...] me chamava de girafa [...]
gangue, bateram, arrancar sangue	[...] um dia eu vi uma guangue di menino e baterao no outro ateranca sangue [...]
Pacman	[...] Me chamaram de Pacman [...]
pirata	[...] chamou meu amigo de pirata [...]
piroquento	[...] me chamaram de piroquento [...]

Não estamos defendendo um determinismo social e biológico do indivíduo no sentido de sua condição tornar-se imutável. Pelo contrário, identificamos a relação entre a variável vulnerabilidade e a sintaxe cognitiva do aluno e apresentamos meios de proporcionar-lhe o desenvolvimento de uma nova sintaxe cognitiva que o ajude a sair da conjuntura ofensor/vítima. Da mesma forma que a questão do *bullying* abordada anteriormente também não pode ser determinada. Nesse sentido, o que atestamos é o fato de as construções gramaticais demonstrarem que os estudantes participam de contextos de violência de variadas maneiras: *vítima-ofensor*, posição intercambiável no processo interacional, e *espectador*, além de grande variação nos usos de construções e itens lexicais conforme o sexo/gênero do aprendiz.

Intervenção pedagógica baseada na sintaxe cognitiva: relato de experiência

Após diagnosticar que os sujeitos do grupo (1) apresentam o ciclo ofensor-vítima no sistema cognitivo e reproduziam esse sistema em suas ações/experiências de conflitos no contexto escolar, expomos um processo de intervenção que permite levar a criança a refletir sobre sua conduta e a pensar outras estruturas sintáticas através das quais possa resolver seus problemas de forma mais pacífica e harmônica, sem colher tantos prejuízos decorrentes de ofensas e até de agressões físicas.

Para os casos de violência em que o estudante entrava no ciclo ofensor-vítima, nossa proposta foi a de explicitar essa sintaxe para o aluno, mostrando que ele entrou em um ciclo de ofensas que não eliminou a causa dessa situação. Nos mais diversos casos, oferecemos outras sintaxes que não impediam o aluno de se deslocar para a posição de sujeito, mas que ele a assumisse sem ser ofensor, oferecendo e discutindo com o estudante um conjunto de benefícios que ele poderia 'colher' ao optar por essa alternativa.

A intenção aqui não é a de moldar o comportamento ou conduta da criança de acordo com o que apregoam as normas da instituição, ou emparelhar a ação do estudante enquanto sujeito a padrões idealizados pela escola. A opção é pelo diálogo, baseado na percepção dos empregos sintáticos, para fazer a criança refletir sobre sua conduta, pensar em novas alternativas sintáticas e se reinserir no convívio social com outras possibilidades linguísticas. Ao fazer isso, o estudante sabe que a escolha 'x' possui consequências negativas para outrem e/ou para si próprio e que dispõe de 'y' e / ou 'z' para eliminar a causa sem provocar novos prejuízos.

Esse raciocínio pode ser pensado em dois ciclos diferentes para fins de ilustrar a vantagem do processo:

Esquema 1:

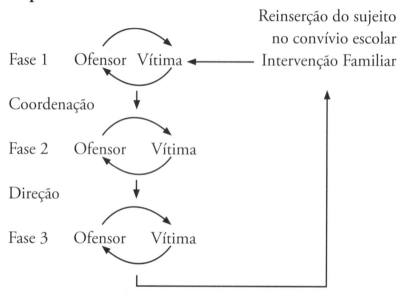

No Esquema 1, temos uma sequência de ações que se inicia com o conflito e sofre um fluxo de intervenções para sua solução. Na Fase 1, os sujeitos iniciaram um conflito, que pode ser entre professor e aluno. Após trocas de 'ofensas', o ciclo saturou e o caso foi encaminhado para a Coordenação.

Na Fase 2, é pressuposto que o coordenador tenha agido de forma a ser entendido como agressor pelo estudante, dando início a um novo ciclo que, saturado, seguiu seu fluxo para a Direção. Esta, mostrando-se agressiva para fins de impedir a ação do aluno, reiniciou o ciclo que, mais uma vez saturado, seguiu seu fluxo no intuito de solicitar a intervenção da família para que o aluno não se assuma mais como ofensor.

É interessante nesse ciclo o fato de que, em nenhuma fase, foi tomada qualquer atitude com o propósito de reconstruir a sintaxe cognitiva 'ofensor-vítima'. Note-se que, em todas as fases, houve apenas a reprodução do ciclo, o que quer dizer que o estudante passou por várias instâncias e retornou para a escola com o mesmo e único sistema cognitivo.

Dentre as tentativas, houve apenas a imposição de 'medo' para que o estudante deixasse de se deslocar para a posição de sujeito, na qual assume o papel de ofensor. Nesse caso, mesmo na fase da intervenção familiar, pode haver consequências psíquicas para o estudante, uma vez que, sem poder se posicionar como sujeito, tende a se tornar mais atormentado ou ansioso,[10] frustrado.

Já no Esquema 2 a seguir, o ciclo pode ser tratado de forma divergente, com operações cognitivas mais complexas através das quais o sujeito não necessariamente precisa se posicionar como ofensor.

Esquema 2:

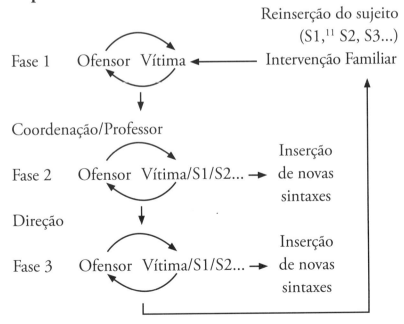

No Esquema 2, a cada fase do ciclo, são inseridas novas sintaxes em que são ofertadas ao estudante novas escolhas linguísticas através das quais ele pode se assumir como sujeito sem ser obrigatoriamente ofensor. No diálogo com o estudante, é feita uma reavaliação de sua postura bem como do professor ou de um colega para que se possa tornar explícita a sintaxe que ele emprega com frequência em situações de conflito.

Aos poucos, novos sistemas são oferecidos, como o de não revidar nessas circunstâncias e procurar saber, com a ajuda de outro profissional da escola, o porquê de ter sido tratado daquela forma. Trata-se aqui de procurar entender que o professor ou o colega foi agressivo com ele com corresponsabilidade no processo e, então, refletir sobre outra maneira de resolver o conflito sem insistir na sintaxe cognitiva ofensor-vítima, que, logicamente, traz uma série de prejuízos para o próprio estudante e para o outro com quem está em enfrentamento.

Além disso, há padrões linguísticos que o regimento escolar não admite, prevendo-se, inclusive, penalidades. Isso é feito na Fase 2 e, em caso de resistência ou de mal entendimento do estudante, refeito na Fase 3. Mesmo que o estudante insista no sistema cognitivo 'ofensor-vítima', são dadas alternativas pelas quais é possível colher benefícios.

Com monitoramento, a probabilidade de que o aluno teste uma das sintaxes e tenha maior êxito em suas relações interpessoais é alta. Assim, caso repita o sistema que lhe foi explicitado e outros ofertados, as penalidades cabíveis e associadas àquela sintaxe poderão ser aplicadas até que o aluno reavalie sua conduta e tome decisões linguísticas que o beneficiem e não o prejudiquem.

Normalmente, as intervenções tomadas nas escolas são permeadas por penalidades sem trabalhar o cognitivo da criança. A finalidade da pena tem apenas o objetivo de impedir que o aprendiz se assuma como sujeito, no caso 'ofensor'. Sem acesso a outras sintaxes, ou o aluno se cala ou enfrenta a penalidade, porém se mantém carente na recondução de seus atos de incivilidade. Esquema como o (2) se aplica também para casos infracionais. Nessa situação, porém, a penalidade normalmente é aplicada antes mesmo de o sujeito testar outras sintaxes, posto que deve responder pela infração cometida.

A diferença nítida entre os Esquemas 1 e 2 deixa evidente o desequilíbrio causado na cognição do estudante e até de docentes, separando as intervenções que são, de fato, pedagógicas daquelas que apenas impedem a manifestação do discente como sujeito do processo. A escola, como agente educacional, tem o dever de impactar as sintaxes cognitivas de seus agentes/interactantes de forma a viabilizar que o sujeito se constitua como protagonista de sua (trans)formação.

Um exemplo disso?

Imaginemos uma situação peculiar, muito parecida com as ocorrências registradas na instituição:

> Um aluno foi encaminhado para a coordenação porque desrespeitou a professora em sala de aula. Na conversa, a professora relatou que pediu ao estudante para mudar de lugar, e ele se recusou, alegando que não tinha feito nada errado. A professora insistiu, xingou o aluno, ou seja, operou como sujeito 'ofensor' na sintaxe cognitiva e, pelo sistema 'ofensor-vítima', foi ofendida pelo aprendiz, que se deslocou do papel de vítima/paciente para sujeito 'ofensor'. Não aceitando, a professora solicitou a intervenção da coordenação. Questionado, o aluno explica que não ia mudar de lugar porque não descumpria nenhuma regra da turma e não estava perturbando a aula.

Da intervenção, extraímos a seguinte sintaxe cognitiva com seu conjunto de traços:

$$(+) \text{ certo} \qquad (-) \text{ autoridade}$$

Nessa sintaxe, observamos que o estudante marca (-) para autoridade do professor quando ele (aluno) se julga agir corretamente.

Em conversa com o aluno, é explicitada essa sintaxe cognitiva. É explicado a ele que, independentemente de estar certo ou errado, é preciso respeitar os comandos do docente, uma vez que colocar sua autoridade em xeque pode deixar a sala de aula vulnerável. Ele poderia ter questionado o professor sobre o porquê de deslocá-lo de seu lugar, mas não desafiar a autoridade dele.

Assim, foi apresentada ao aluno uma nova sintaxe: (±) certo → (+) autoridade e as consequências positivas dessa escolha, sem tirar, é claro, a possibilidade de questionamento e de conversa para entender a decisão do docente. Por outro lado, a sintaxe cognitiva que ele havia construído poderia causar prejuízos para a turma, posto que algum colega poderia marcar (-) para a autoridade do professor em outras circunstâncias, prejudicando o bom andamento da aula.

Outro exemplo interessante, também verificado na observação do cotidiano escolar, refere-se ao mapeamento das turmas. Suponha que a coordenação, juntamente com os professores, tenha feito o mapeamento de uma turma. Porém, um professor segue o mapeamento e outro não. Tal conduta acarreta nos alunos a seguinte sintaxe cognitiva:

Professor	Mapeamento
X	+
Y	-

Para os alunos que tiveram aula com o professor 'x', todos se sentaram em seus lugares. Quando há resistência, a coordenação intervém, explicando que o mapeamento é para todos e é regra geral da escola, como é feita para o uniforme.

Supomos, porém, que, ao terminar o horário do professor 'x', um estudante com sistema ofensor-vítima, pergunta para turma: "Agora é aula de qual professor?", e recebe como resposta 'y'. A sintaxe que esse professor estabeleceu com a turma coloca em disputa um determinado assento, prato cheio para quem gosta de conflito. Esse aluno que questionou pode assumir a seguinte conduta em relação a outro com o mesmo sistema cognitivo:

A: Ô fulano, pode sair da janela que vou sentar aí.
B: Eu não, meu lugar é aqui no mapeamento.
A: Na aula de y não tem mapeamento.
B: Foda-se, vou ficar aqui e pronto.
A: Não vai não.

E assim segue o ciclo.

Observe que outros conflitos podem se iniciar ao mesmo tempo. Um outro aluno com sintaxe similar pode pegar o objeto de um colega e dizer que não devolve até que ele ceda o lugar, e assim por diante. Desses conflitos, podem haver agressões físicas ou ofensas emocionalmente mais marcantes.

Na fase de laboratório, identificamos um caso em que o estudante foi encaminhado para a coordenação. O motivo havia sido briga com agressão física. Um aluno disse que o colega tinha chamado sua mãe de 'gorda'. O outro retrucou que também teve sua mãe ofendida. Questionados sobre o que tinha ocorrido anteriormente, ambos disseram que um queria sentar no lugar do outro. Ao solicitar maiores explicações, um deles empregou a sintaxe cognitiva anteriormente explicitada. Ele informou que o professor 'y' não cobrava mapeamento e que seu colega queria sentar em seu lugar. Isso mostra que tanto professor como aluno precisam refletir sobre suas sintaxes cognitivas a fim de evitar conflitos que decorrem de sistemas cognitivos mal planejados.

Como a linguagem pode revelar pontos de vista mesclados?

A mesclagem trata uma nova construção de significado a partir da operação em dois espaços mentais de entrada, *input1* e *input2*, para produzir um terceiro espaço, o *blending*, que herda a estrutura parcial dos espaços de entrada e tem sua própria estrutura emergente (Fauconnier, 1997). Para que a mesclagem seja possível, são necessários, no mínimo, quatro espaços mentais: 1º *input1*, 2º *input2*, 3º espaço genérico (mais abstrato, garante que os dois *inputs* tenham ligação) e 4º mesclagem. Na realidade, os quatro espaços ocorrem simultaneamente.

A reportagem "Professora é agredida por mãe e avó de aluno dentro de escola em Caçapava do Sul" corrobora a questão da sintaxe cognitiva, dadas as escolhas linguísticas realizadas pelos envolvidos. Nesse exemplo, podemos abordar os pontos de vista tanto do narrador quanto dos ofensores e da vítima, mesclados sob a perspectiva da Linguística Cognitiva que compõem a narrativa dentro da notícia.

Professora é agredida por mãe e avó de aluno dentro de escola em Caçapava do Sul
O motivo da agressão seria R$ 10 que a professora pediu para o presente de Dia dos Pais[12]

Uma professora da rede municipal de Caçapava do Sul, na Região Central, foi agredida pela mãe e pela avó materna de um dos alunos, dentro da escola. O caso ocorreu na última sexta-feira (25) e nessa segunda foi encaminhado à Promotoria de Justiça da cidade.

Conforme a direção do Instituto Municipal de Educação de Caçapava do Sul, o motivo da agressão seria devido a R$ 10 que a professora pediu para os alunos levarem para o presente de Dia dos Pais. A família enviou o dinheiro e a lembrança foi confeccionada e entregue. Como a criança, que está no primeiro ano, chegou sem o presente em casa, a mãe enviou um bilhete cobrando a situação.

[...]

Segundo a diretora, Janice Marques, na escola a professora devolveu o dinheiro à família, mas ao receber o valor, a mãe e a avó do menino se descontrolaram:

– O menino faz uso do transporte escolar e ele levou o mimo para casa. Acreditamos que ele tenha perdido. Aí a gente devolveu os R$ 10 e nesse momento elas reagiram e partiram para a agressão física. A avó bateu no rosto da professora, a mãe virou uma mesa na sala da direção e arremessou um grampeador na cabeça da professora e nós, então, acionamos a Brigada Militar.

[...] A criança foi transferida da escola como medida protetiva à professora, que já voltou a dar aulas [...].

Procurada pela reportagem, a professora disse que está abalada e preferiu não falar sobre o assunto. [...]

GAÚCHA SM

Krieken, Sanders e Hoeken (2016) contemplam em seu estudo intitulado *Blended viewpoints, mediated witnesses: a cognitive linguistic approach to news narratives* (Pontos de vista mesclados, testemunhas mediadas: uma abordagem linguística cognitiva para narrativas de notícias) as estratégias linguísticas usadas nas narrativas de notícias para representar os pontos de vista das testemunhas oculares a eventos noticiosos chocantes e descrever como essas estratégias convidam os leitores a experimentar esses eventos como testemunhas mediadas.

> Ao contrário das narrativas ficcionais, as narrativas jornalísticas não constroem realidades, mas (supostamente) reconstroem a realidade. A relação entre a realidade e os relatos jornalísticos sobre essa realidade é, por natureza, problemática, e fica ainda mais comprometida quando os jornalistas tentam envolver seus leitores empregando técnicas literárias ficcionais para relatar fatos. (Krieken, Sanders e Hoeken, 2016: 146)

As narrativas jornalísticas têm por característica um narrador/repórter ausente. Os jornalistas geralmente não testemunham o evento, mas o relatam de maneira detalhada e vívida que sugere sua presença no local (Frank, 1999). É nesse momento que insere seu ponto de vista sobre o fato, mesclado ao ponto de vista da vítima e/ou do ofensor.

No trecho a seguir, observamos dois momentos. Em (1), através do emprego da conjunção 'conforme', o narrador introduz ao seu ponto de vista (*input 1*) o ponto de vista da direção da escola (*input 2*), lançando mão do futuro do pretérito 'seria', indicando possibilidade ou, ainda, atribuindo ideia de dúvida em relação ao acontecido, produzindo a mescla. Chamamos à atenção para o uso do verbo de percepção 'ser' para apontar o ponto de vista da testemunha ocular – a direção – assim como ocorre nas narrativas analisadas por Krieken, Sanders e Hoeken (2016). A partir do fragmento (2), passa a contar a história como se tivesse presenciado o fato. Através do emprego da terceira pessoa e do tempo verbal no pretérito perfeito, sinalizando certeza (espaço genérico), mescla seu ponto de vista (*input 1*) ao ponto de vista do personagem (*input 2*), nesse caso, a vítima.

> (1) Conforme a direção do Instituto Municipal de Educação de Caçapava do Sul, o motivo da agressão seria devido a R$ 10 que a professora pediu para os alunos levarem para o presente de Dia dos Pais. (2) A família enviou o dinheiro e a lembrança foi confeccionada e entregue. Como a criança, que está no primeiro ano, chegou sem o presente em casa, a mãe enviou um bilhete cobrando a situação.

O que percebemos a partir de uma compreensão mais geral do texto são dois pontos de vista dentro do espaço da narrativa, o da direção da escola – testemunha – e o da vítima – a professora. Os pontos de vista de ambos os atores se encontram mesclados ao ponto de vista do narrador se considerarmos que não há enunciado isento do ponto de vista daquele que o profere.

Analisando o espaço real, notamos que os participantes dos conflitos, sejam eles agentes ou pacientes, vão além dos sujeitos diretamente ligados ao espaço escolar. Nesse caso, o atrito acontece entre família e gestores, pois as sintaxes cognitivas mal trabalhadas ocorrem entre sujeitos que possuem maior nível de escolaridade se comparados aos alunos. São falantes adultos que já acumularam experiências ao longo da vida e que, infelizmente, reproduzem comportamentos imaturos como se constata entre as crianças. Nesse contexto, o agressor, em vez de procurar expressar seu ponto de vista por meio da linguagem verbal, independente da sintaxe cognitiva que utilizaria, opta por se manifestar através de ataque físico.

Retomamos, nesse aspecto, a importância da sintaxe cognitiva, inclusive em contextos de conflito, em que pontos de vista divergem entre si, como ferramenta de auxílio à inibição da violência escolar quaisquer que sejam seus agentes. Não há isenção por parte do jornalista que, de acordo com a sintaxe que emprega, assume uma postura parcial através do seu ponto de vista mesclado ao dos personagens em relação aos fatos narrados, o que pode passar muitas vezes de forma alheia a um leitor leigo e/ou desatento. Uma vez a mistura estabelecida, o leitor/ouvinte pode operar cognitivamente dentro desse espaço, o que lhe permite manipular os vários eventos de uma unidade integrada. A mesclagem fornece ao interlocutor a estrutura, que favorece integração e eficiência não disponível nos outros espaços. É no espaço mescla que se tem a visão global de um acontecimento narrado.

Perspectiva linguística na convivência com o conflito

É fato notório, então, que o cotidiano escolar é permeado de conflitos de toda sorte. Em escola com público de baixa renda e com alto índice de vulnerabilidade social, a violência e os conflitos se mostram mais frequentes, mais 'ofensivos', podendo haver agressões físicas tanto entre alunos quanto entre professor-aluno, ou mesmo na relação família-professor, como no caso da reportagem que citamos na seção anterior. Lidar com essas situações tem sido um grande desafio no contexto escolar, uma vez que a convivência entre os sujeitos se dá em uma arena em que borbulham problemas de toda sorte, tais como criança abandonada, criança de relação monoparental, condições de pobreza extrema, maus-tratos, violência doméstica.

A preocupação predominante é a de regular o comportamento da criança sob ameaças, com foco no diálogo e na ampliação de possibilidades sintáticas. Muitos conflitos são gerados por sintaxes mal planejadas pelos docentes ou em intervenções que reinserem o sujeito agressor com o sistema cognitivo similar do meio de atuação, como o Esquema 1. Em uma situação de violência em que o sujeito apenas recebe ameaças, punições e xingamentos, pode-se incorrer no apagamento do sujeito, no impedimento de o falante se manifestar de alguma maneira, contribuindo para a formação de um indivíduo ainda mais atormentado, frustrado ou ansioso. É comum atribuir ameaças para impedir que o sujeito saia da posição de 'vítima' e se posicione como 'ofensor' sem trabalhar as estratégias linguísticas e, assim, se deslocar para outro padrão sintático que lhe traga benefícios e não prejuízos.

Essa é a ponte entre a má pedagogia e a pedagogia de fato. Escolhas que não causam desequilíbrio na cognição do aprendiz são propulsoras de novas escolhas, deslocam o sujeito para outros níveis de aprendizagem e de experiências de vida. A relação entre linguagem, cognição, emoção e comportamento social no âmbito do que denominamos de sintaxe cognitiva e letramento recoloca a compreensão a respeito dos ambientes escolares não favoráveis em outro patamar. Tudo depende de sujeitos letrados, bem alfabetizados.

A leitura como ferramenta da diminuição da violência em sala de aula

De acordo com Cândido (2011: 179), "Toda obra literária é, antes de tudo, uma espécie de objeto, de objeto construído; e é grande o poder humanizador desta construção enquanto construção". É papel da escola modificar a mentalidade estigmatizante de que "é para poucos o acesso aos clássicos". O contato com os textos literários, com a literatura clássica, trazendo para dentro da sala de aula o contexto humanizador que a literatura proporciona significa experimentar o que é humano. Nas palavras de Cândido (2011: 182),

> [...] processo que confirma no homem aqueles traços que reputamos essenciais como o exercício da reflexão, a aquisição do saber, a boa disposição para com o próximo, o afinamento das emoções, a capacidade de penetrar nos problemas da vida, o senso da beleza, a percepção da complexidade do mundo e dos seres, o cultivo do humor. A literatura desenvolve em nós a quota da humanidade na medida em que nos torna mais compreensivos e abertos para a natureza, a sociedade, o semelhante.

A literatura tem que ter um pacto social. Na obra *Andar entre livros: a leitura literária na escola*, Colomer (2008) propõe uma intervenção do professor na sala de aula que procure criar "rotinas educativas" de "ler", "compartilhar", "expandir" e "interpretar" para que o professor possa optar pelo que considera mais apropriado aos seus objetivos específicos de leitura. O Quadro III, de Colomer (2008: 17), explicita a metodologia.

QUADRO III
Proposta de intervenção

Tipos e objetivos	Atividades	Instrumentos	Avaliação
LER Leitura livre (escolar) - Aproveitar a guia do próprio texto. - Exercitar as habilidades leitoras. - Aprender a mover-se entre os livros e selecioná-los autonomamente.	- Tempo de leitura. - Visitas externas (a livrarias, bibliotecas etc.).	- Biblioteca da sala de aula ou do centro. - Caderno de leitura. - Mural de valorização.	- Informação sobre a leitura quantitativa de cada aluno. - Informação sobre gostos e capacidades.
COMPARTILHAR Leitura socializada - Compartilhar com os demais. - Implicar-se e responder. - Contrastar e construir o sentido. - Usar uma metalinguagem literária. - Construir referentes coletivos.	- Clube de leitores/leitura em dupla, em grupos, através da internet etc. - Discutir, elaborar. - Recomendar. - Recordar juntos.	- Mural de recomendação. - Pautas ou perguntas de ajuda. - Entrevistas periódicas aos alunos sobre sua leitura.	- Informação sobre o texto (transferência) de saberes literários. - Sobre capacidades interpretativas.

A leitura como ferramenta da diminuição da violência em sala de aula

De acordo com Cândido (2011: 179), "Toda obra literária é, antes de tudo, uma espécie de objeto, de objeto construído; e é grande o poder humanizador desta construção enquanto construção". É papel da escola modificar a mentalidade estigmatizante de que "é para poucos o acesso aos clássicos". O contato com os textos literários, com a literatura clássica, trazendo para dentro da sala de aula o contexto humanizador que a literatura proporciona significa experimentar o que é humano. Nas palavras de Cândido (2011: 182),

> [...] processo que confirma no homem aqueles traços que reputamos essenciais como o exercício da reflexão, a aquisição do saber, a boa disposição para com o próximo, o afinamento das emoções, a capacidade de penetrar nos problemas da vida, o senso da beleza, a percepção da complexidade do mundo e dos seres, o cultivo do humor. A literatura desenvolve em nós a quota da humanidade na medida em que nos torna mais compreensivos e abertos para a natureza, a sociedade, o semelhante.

A literatura tem que ter um pacto social. Na obra *Andar entre livros: a leitura literária na escola*, Colomer (2008) propõe uma intervenção do professor na sala de aula que procure criar "rotinas educativas" de "ler", "compartilhar", "expandir" e "interpretar" para que o professor possa optar pelo que considera mais apropriado aos seus objetivos específicos de leitura. O Quadro III, de Colomer (2008: 17), explicita a metodologia.

QUADRO III
Proposta de intervenção

Tipos e objetivos	Atividades	Instrumentos	Avaliação
LER Leitura livre (escolar) - Aproveitar a guia do próprio texto. - Exercitar as habilidades leitoras. - Aprender a mover-se entre os livros e selecioná-los autonomamente.	- Tempo de leitura. - Visitas externas (a livrarias, bibliotecas etc.).	- Biblioteca da sala de aula ou do centro. - Caderno de leitura. - Mural de valorização.	- Informação sobre a leitura quantitativa de cada aluno. - Informação sobre gostos e capacidades.
COMPARTILHAR Leitura socializada - Compartilhar com os demais. - Implicar-se e responder. - Contrastar e construir o sentido. - Usar uma metalinguagem literária. - Construir referentes coletivos.	- Clube de leitores/leitura em dupla, em grupos, através da internet etc. - Discutir, elaborar. - Recomendar. - Recordar juntos.	- Mural de recomendação. - Pautas ou perguntas de ajuda. - Entrevistas periódicas aos alunos sobre sua leitura.	- Informação sobre o texto (transferência) de saberes literários. - Sobre capacidades interpretativas.

EXPANDIR Leitura integrada nos objetivos escolares - Ler com propósitos distintos. - Escrever. - Oralizar, dramatizar. - Expressar criativamente. - Aprender outras áreas.	- Leitura coletiva. - Escritura (manipulação, imitação etc.). - Dramatização. - Expressão plástica. - Passagem para outros códigos.	- Leitura modalizada. - Seleções pontuais de tipos de livros. - Segundo as necessidades de criações de textos, espetáculos, exposições, vídeos etc.	- Segundo os objetivos específicos de aprendizagem.
INTERPRETAR Leitura integrada na programação do ensino literário - Adquirir competências e conhecimentos literários de forma implícita e/ou explícita.	- Leitura reflexiva. - Discussão e comentário guiado. - Projetos de trabalho literário.	- Seleções de obras. - Dispositivos didáticos.	- Sobre saberes literários.

  Com base na proposta da autora, propomos um roteiro de atividade voltado para a leitura do livro *O Filho do Reno*. A tarefa foi realizada com uma turma de 7º ano do ensino fundamental, cujas características apresentavam-se peculiares, sobretudo no que se refere ao quesito disciplina e violência. Não houve aqui a escolha do primeiro item – "ler" – por se tratar de uma leitura pré-definida. Etapas como visitas externas (visita ao castelo que compõe parte do espaço narrativo), confecção de mural expositivo com a quantidade de leituras realizadas e a preferência dos alunos foram cumpridas.

COMPARTILHAR:

1º Passo: Leitura em voz alta do primeiro capítulo em sala para todos os alunos – TIPOS E OBJETOS.

2º Passo: Abrir espaço para os comentários dos alunos acerca da leitura com o objetivo de que eles exponham as suas primeiras impressões sobre o texto – TIPOS E OBJETOS.

3º Passo: Dividir a turma em grupos para que os alunos possam realizar a leitura por eles mesmos e de forma compartilhada, discutindo as ações dos personagens e as sensações que cada um venha a ter a partir do contato com o texto, da experiência de se ver no outro (personagem), mas, ao mesmo tempo, continuar sendo o mesmo – ATIVIDADES.

4º Passo: Cada grupo deve elaborar perguntas a respeito da leitura a serem respondidas por outro grupo, dinamizando, dessa maneira, a leitura e integrando todos os alunos – INSTRUMENTOS.

5º Passo: Percepção por parte do professor das capacidades interpretativas dos seus estudantes – AVALIAÇÃO.

EXPANDIR:

6º Passo: Expressar criativamente cada grupo de acordo com as suas habilidades – dramatização, reescritura etc. – as marcas que adquiriram com a leitura – TIPOS E OBJETOS.

7º Passo: Procurar passar o enredo para outro gênero textual com o objetivo de se trabalhar a diversidade literária e atender ao gosto dos alunos – ATIVIDADES.

8º Passo: Apresentar à turma outros textos coerentes com a proposta de leitura do livro *O Filho do Reno*, como, por exemplo, o filme *A lenda do tesouro perdido*, o qual também apresenta um enredo de lendas, aventuras e mistérios, além de unir o passado e o presente, com o propósito de que o livro e o filme dialoguem entre si – INSTRUMENTOS.

9º Passo: Verificar através de explanação oral e informal se os alunos conseguiram estabelecer correlações entre o vídeo e a leitura.
INTERPRETAR:
10º Passo: Promover nos alunos conhecimentos literários e linguísticos que permeiam de forma explícita ou implícita a obra trabalhada, como linguagem, estrutura textual, estilo – TIPOS E OBJETOS.
11º Passo: Provocar uma discussão a partir de uma reflexão sobre o comportamento dos personagens que compõem o plano do irreal da trama, procurando colocar-se no lugar dos personagens para entender suas ações e pensar como agiriam se se vissem na mesma situação – ATIVIDADES.
12º Passo: Propor à turma a escolha de uma nova obra literária que possa proporcionar novos conhecimentos, reflexões de forma tranquila e prazerosa – INSTRUMENTOS.
13º Passo: Perceber quais conhecimentos literários foram adquiridos pelos alunos no decorrer do desenvolvimento do projeto.

O roteiro pode ser adaptado a outras leituras de textos literários, envolvendo inclusive gêneros distintos mediante adaptações. O objetivo é formar leitores de textos literários, despertar o gosto pela leitura e a capacidade interpretativa, reflexiva, de transformar e de experimentar "ser outro sem deixar de ser o mesmo" (Colomer, 2007: 61).

A ficção permite lidar com o sofrimento, trabalhar as emoções, vivenciar e sentir experiências através das ações do outro, experimentar a alteridade. Segundo Rouxel (2013: 68), entrar em contato com uma vida "que os livros nos oferecem, independentemente de nossa vida cotidiana e de nossa idade". Isso não mais através de discurso abstrato e distante do aluno, mas por meio de leituras literárias diversificadas como rotina nas aulas de Língua Portuguesa, mais leves e prazerosas, com melhoria da disciplina e diminuição da violência.

O espaço concedido ao aluno para se expressar, colocar suas opiniões e emoções vivenciadas pela leitura é um oportuno momento para o docente trabalhar a sintaxe cognitiva do educando, conduzindo-o à reflexão do uso da linguagem, de escolhas vocabulares e construções frasais. É o espaço do desenvolvimento linguístico-cognitivo, de inversão da lógica vítima-ofensor.

O acesso aos clássicos da literatura, aos filmes, espetáculos e similares insere o aluno num contexto perto do 'outro' desconhecido de sua vivência inicial. Permite ampliar o repertório cultural e linguístico, diminui a desigualdade social. Recoloca a escola como espaço de leitores proficientes.

Notas

[1] Disponível em <https://www.educabras.com/blog/violencia-nas-escolas-brasileiras/>, acesso em 26 nov. 2018.

[2] Conferir em <https://g1.globo.com/educacao/noticia/brasil-e-1-no-ranking-da-violencia-contra-professores-entenda-os-dados-e-o-que-se-sabe-sobre-o-tema.ghtml>, acesso em 26 nov. de 2018.

[3] Para mais detalhes, ver: <https://www.mprj.mp.br/documents/20184/216116/Cartilha_A_Justica_Restaurativa_no_Ambiente_Escolar.pdf>, acesso em 5 dez. 2018.

[4] "[...] cognition indeed refers to the mental process by which external or internal input is transformed, reduced, elaborated, stored, recovered, and used. As such, it involves a variety of functions such as perception, attention, memory coding, retention, and recall, decision making, reasoning, problem-solving, imaging, planning and executing actions. Such mental processes involve the generation and use of internal representations to varying degrees, and may operate independently (or not) at different stages of processing. Furthermore, these processes can to some extent be

observed or at least empirically probed, leading to scientific investigation by means of methods akin to those of the natural sciences."

[5] 1. The agent has as a goal some change of state in the patient. The change of state is physical.
2. The agent has a "plan" for carrying out this goal.
3. The plan requires the agent's use of a motor program.
4. The agent is in control of that motor program. The agent is primarily responsible for carrying out the plan. The agent is the energy source (i.e., the agent is directing his energies toward the patient), and the patient is the energy goal (i.e., the change in the patient is due to an external source of energy).
5. The agent touches the patient either with his body or an instrument (i.e., there is a spatiotemporal overlap between what the agent does and the change in the patient).
6. The agent successfully carries out the plan.
7. The change in the patient is perceptible.
8. The agent monitors the change in the patient through sensory perception.

[6] "'Harry raised our morale by telling jokes', [...] we have an instance of causation where what Harry did made our morale goes up, as in the HAPPY IS UP metaphor."

[7] xxxx – omissão de nome próprio.

[8] Para mais informações, ver: <http://www.laurenceanthony.net/software/antconc/>, acesso em 20 mar. 2020.

[9] Ver discussão detalhada em Batista (2018).

[10] Salienta-se que a discussão aqui empreendida é a de analisar, descrever e apurar a relação da linguagem com processos cognitivos a partir de estruturas sintáticas frequentemente empregadas pelos estudantes. A questão psíquica e comportamental merece estudos outros que o complementem.

[11] S1, S2, S3... quer dizer, sintaxe 1, sintaxe 2, sintaxe 3.

[12] Disponível em <https://gauchazh.clicrbs.com.br/educacao-e-emprego/noticia/2017/08/professora-e-agredida-por-mae-e-avo-de-aluno-dentro-de-escola-em-cacapava-do-sul-9882457.html>, acesso em 29 jul. 2019.

Perspectivas e desafios na construção da leitura

O PROCESSAMENTO DA LEITURA

O acesso à cultura letrada é a meta principal da escola. Como promovê-lo de forma eficiente? Eis o desafio atual do nosso país, que não consegue formar leitores proficientes, mas, sim, leitores que não compreendem nem interpretam o que leem mesmo em séries mais avançadas. Seria uma questão de método? Seria uma questão de ambiente escolar? Uma questão e outra? Nem uma questão nem outra?

A preocupação por um método ideal de alfabetização foi sempre tônica entre especialistas da área da educação. Mesmo para o leigo, método ocupa preocupação central quando se quer conhecer as causas de sucesso e insucesso em lectoescrita. Método fônico, método global? Ir da parte para o todo ou ir do todo para a parte? Métodos analítico-sintéticos? Métodos ecléticos? Para além da questão de métodos, o que realmente procede compreender para se conhecer o tamanho do problema que os brasileiros enfrentam? E as bases emocionais da aprendizagem? Isso não conta?

Estudiosos como Soares (2017a) afirmam que a busca obsessiva pelo método eficaz de alfabetização ofuscou o que há de mais peculiar na educação. Alfabetizar e letrar são tarefas que supõem a singularidade dos sujeitos, as particularidades dos momentos, das situações. O 'cada caso' deve ser levado em conta.

Neste capítulo, nossa atenção se volta para o processamento da leitura. Nessa dimensão, não podemos deixar de lado as variáveis sociais e culturais que envolvem as questões identitárias de cada aprendiz, as diferenças e dificuldades de cada qual, o tempo de cada um. É direito do aluno que o professor respeite seu jeito de falar que marca sua identidade e origem. É dever do professor apresentar as diversas formas de expressão e o momento para usá-las adequadamente.

Por outro lado, a escrita segue leis ortográficas fixas e o modo como se aprende a ler depende do sistema de escrita e não do contexto social. Por isso, é evidente a importância em considerar os aparatos cognitivos que norteiam a base física e cognitiva do ato de ler. É crucial conhecer tecnicamente os estágios iniciais dos noviços crianças ou adultos em processo de alfabetização. Neste capítulo, tratamos tanto dos mecanismos do processamento da leitura, quanto dos estágios de desenvolvimento da leitura por meio das contribuições da psicolinguística educacional.

QUAIS AS CONTRIBUIÇÕES DA PSICOLINGUÍSTICA EDUCACIONAL PARA O ENSINO DE LEITURA?

Em seu texto seminal, Carton e Castiglione (1976) relacionam a Psicolinguística com vários ramos das ciências cognitivas e propõem diversas funções para os estudos psicolinguísticos. Um deles é a união entre Psicolinguística e educação. Os autores alcunham os termos 'Psicolinguística educacional' e 'Psicolinguística da leitura'. A relação entre Psicolinguística e educação ganhou enlevo no trabalho de Maia (2018). O autor explicita que a Psicolinguística, enquanto ciência da cognição da linguagem, avançou muito na direção de explicar como linguagem e mente funcionam, embora os conhecimentos científicos sobre a linguagem e sobre as línguas ainda não tenham impactado como deveriam na educação escolar.

Maia (2018) desenvolve um trabalho de translação dos conhecimentos da Psicolinguística para a educação através do projeto Laboratório de Eletrofisiologia e Rastreamento Ocular da Linguagem (LER).[1] Assim como Honda e O'Neil (2017), o autor relaciona o pensar questões linguísticas ao desenvolvimento da argumentação e método científicos. Sendo assim, acredita-se que, por meio da investigação da linguagem, alunos de todas as idades podem aprender não só sobre a linguagem, mas também sobre a natureza da investigação científica, transformando os leitores em pensadores críticos.

A Psicolinguística da leitura apresenta rara contribuição para o ensino de leitura ao se dedicar a estudar o processamento e o aprendizado de leitura. De acordo com Morais e Kolinsky (2015: 129-138), a Psicolinguística se utiliza do método experimental com o qual, a partir do comportamento registrado de indivíduos testados, é possível aferir os processos cognitivos realizados durante a leitura. Avalia-se desde a captura das letras pela fóvea,[2] passando pelos movimentos oculares, até o registro das ondas cerebrais evocadas pelos estímulos da leitura.

A Neurociência da linguagem também pode contribuir para o ensino de leitura uma vez que estuda como o aprendizado de leitura afeta o cérebro humano. O neurocientista francês Stanislas Dehaene explica que uma determinada área do cérebro "sofre uma *reciclagem neuronal* e torna-se especializada no reconhecimento de palavras escritas" (Dehaene, 2013: 69-76; grifo nosso). Isto é, uma área que, antes era especializada para a identificação de objetos, passa a ser capaz de identificar a imagem ortográfica das letras, os grafemas.

Com a teoria da *reciclagem neuronal*, é possível afirmar que não aprendemos a ler do mesmo modo que aprendemos a falar, já que, para falar, temos uma área do cérebro especializada em linguagem que nasce conosco e que se desenvolve à medida que crescemos e entramos em contato com uma comunidade de fala. Por outro lado, não nascemos com uma circuitaria neuronal para a leitura, uma reconfiguração é necessária. Assim, é imprescindível um trabalho pedagógico com foco nos aspectos linguísticos dos sistemas de escrita de modo a estimular essa reconfiguração.

A Psicolinguística experimental, por sua vez, pode contribuir muito para a investigação das habilidades cognitivas necessárias ao desenvolvimento da leitura, pois recorre amplamente a métodos on-line que acessam o curso temporal do processamento a fim de identificar os fatores estruturais nas questões sobre a arquitetura da gramática. Criam-se, portanto, "situações (paradigmas) tais que, a partir do comportamento registrado, seja possível inferir os processos utilizados" (Morais e Kolinky, 2015: 130).

Com base nos conhecimentos acumulados da Psicolinguística Educacional, da Psicolinguística da leitura, da Neurociência da linguagem e da Psicolinguística experimental, chegamos, então, às habilidades cognitivas necessárias para o aprendizado de leitura. Dentre essas, destacamos a consciência fonológica e o reconhecimento das letras.

COMO É O MECANISMO DA LINGUAGEM?

Os seres humanos utilizam diferentes sistemas de comunicação. Desde gestos, desenhos, sinais, códigos até o mais complexo e multifacetado deles: a língua. Língua é um "sistema de signos" linguísticos que serve para a comunicação humana (Saussure, 1999 [1922]). O signo é a junção entre o som da palavra e o que ela significa. O signo linguístico, portanto, é composto pelo significado e pelo significante. O significado é o conteúdo do mundo biossocial vinculado a uma mensagem. Já o significante é a concretização da mensagem (Saussure, 1999 [1922]).

O ser humano só é capaz de utilizar esse sistema de signos linguísticos que é a língua, pois possui em sua mente/cérebro um aparato cognitivo chamado Faculdade da Linguagem (Chomsky, 1957), que permite o processamento da linguagem no cérebro humano. A faculdade da linguagem é um aparato cognitivo de aquisição da linguagem que converte a experiência linguística em um sistema de conhecimento (Chomsky, 1957). Com exceção das línguas ágrafas, todas as línguas humanas possuem duas modalidades: a oral e a escrita. A oralidade se desenvolve naturalmente e depende da maturação biológica e da inserção do indivíduo numa comunidade de fala.

Cada comunidade de fala possui uma variante, isto é, além de essas pessoas partilharem diversas características sociais, elas também partilham o modo de falar (Labov, 1972). É dever da escola recepcionar e validar a variante linguística de origem do aluno. Mas também é dever da escola ampliar o repertório linguístico que o aluno já possui ensinando a variante padrão cobrada no mundo acadêmico e profissional.

A escrita, por sua vez, não se desenvolve naturalmente. Ela necessita de uma instrução clara e direcionada para seu aprendizado. Afinal, o aprendizado da escrita depende da apropriação de uma tecnologia: o sistema de escrita. Sistema de escrita é um "conjunto de sinais visuais ou táteis" (Coulmas, 1999) que se relacionam direta ou indiretamente ao significado. O sistema de escrita utilizado para o português é alfabético, que relaciona os sinais gráficos aos sons da fala.

A percepção da escrita é realizada através da atividade da leitura. Ler é uma atividade de decodificação e compreensão de textos escritos. A compreensão é uma atividade complexa que necessita da ativação de diferentes áreas cerebrais. Para isso, é necessário que a decodificação esteja plenamente automatizada para que a memória de trabalho possa se ocupar do processamento da compreensão. Esse momento inicial do ensino da leitura em que ocorre o processo de automatização da decodificação da escrita faz parte da alfabetização.

COMO É O MECANISMO DA LEITURA?

A leitura e a escrita são processos de natureza diferente e importante nas chamadas culturas letradas. A aprendizagem da leitura é anterior à da escrita. A leitura pressupõe a decodificação de sinais gráficos que, visualizados, constituem estímulos cerebrais processados de forma a que os seres humanos se capacitem à habilidade de extrair significado explícito e implícito de um texto escrito, de qualquer que seja o suporte em que se encontre, virtual ou não virtual. Assim, ler implica a capacidade de relacionar significados a convenções silábico-alfabéticas da escrita de línguas ocidentais (Scliar Cabral, 2003), a sinais iconográficos da escrita de línguas, digamos, orientais e a notações de sinais e de números da linguagem matemática universal.

A leitura não é um ato mecânico e passivo (Bortoni-Ricardo, 2008). Para ler, nos valemos das experiências vivenciadas nos contextos sociolinguísticos. Nesse sentido, pode haver interferência de variáveis sociais (Mollica e Braga, 2003) que caracterizam nosso perfil de falantes, entendendo-se aí também diferentes regiões e estratos sociais. Por isso, fazemos uso de conhecimentos prévios, relacionando-os aos conteúdos novos, de modo a viabilizar a operação de processos inferenciais para reconstruir significados.

Vários tipos de memórias são utilizados no processo de decodificação e interpretação implicados na leitura. Quanto mais informações sobre o conteúdo do texto, maior o grau de compreensão do que lemos. Por isso, usamos algumas estratégias que nos permitem montar esquemas de planejamento de leitura, conduzindo-nos: (a) à mera decodificação das letras; (b) ao grau de compreensão literal do texto; e (c) ao nível de compreensão inferencial.

Distintas competências operam simultaneamente porque a leitura não se processa palavra por palavra, a não ser em fases iniciais de silabação, estágio não considerado completo ainda da pré-leitura. Automatizada a etapa da decodificação dos sinais, da relação fonema/grafema, os olhos saltam em lugares estratégicos, de modo que, em estágios maduros, a leitura supõe seletividade.

A leitura também depende do conhecimento enciclopédico estocado na mente. O acervo de que os leitores dispõem depende do meio social, do acesso a bens culturais e estímulo. A experiência anterior de leitura e o conhecimento enciclopédico são importantes. Os leitores associam as informações do texto às próprias experiências, à representação mental da gramática e ao estoque lexical para construir sentidos. Decodificar, interpretar e inferir informação implícita, com ou sem auxílio de gráficos, estão no rol das habilidades exigidas do leitor maduro.

COMO A CONSCIÊNCIA FONOLÓGICA E O RECONHECIMENTO DAS LETRAS PODEM CONTRIBUIR PARA O APRENDIZADO DE LEITURA?

A consciência fonológica é uma habilidade cognitiva que faz parte de um conjunto maior de habilidades, a consciência metalinguística. Tunmer e Rohl (1991: 3) explicitam que essa habilidade compreende a consciência fonológica, a consciência da palavra, a consciência sintática e a consciência pragmática.

A consciência pragmática viabiliza a integração entre as proposições individuais e inferenciais da práxis linguística. Ela permite ao indivíduo identificar a funcionalidade da fala. Já a consciência sintática utiliza-se do mecanismo cognitivo responsável por atribuir representação mental a grupos de palavras no interior das estruturas das sentenças. Por meio dela, o indivíduo concatena e organiza as palavras dentro das frases. A consciência da palavra, por sua vez, permite a operacionalização do mecanismo de acesso lexical. Desse modo, o indivíduo consegue acessar as palavras, seus usos e significados.

Em um sistema de escrita alfabético,[3] o indivíduo precisa desenvolver a habilidade de manipulação consciente das operações mentais de segmentação da fala para reconhecer o código ortográfico e interpretar as informações contidas no texto escrito. Por isso, o desenvolvimento da consciência fonológica é de suma importância para a realização das correspondências grafofonêmicas e, por conseguinte, da decodificação da leitura.

A consciência fonológica envolve três níveis: o silábico, o intrassilábico e o fonêmico (Freitas, 2004). Este último nível, entretanto, só se desenvolve diante de um treinamento ou do ensino de um sistema de escrita alfabético. A consciência silábica requer a segmentação consciente do contínuo da fala em sílabas. Essa habilidade se desenvolve naturalmente no processo de aquisição fonológica da língua, mas pode se aperfeiçoar com treinamento (Morais et al., 1986).

O nível intermediário da consciência fonológica, a consciência intrassilábica, é a habilidade de manipulação consciente dos constituintes das sílabas, a saber: o ataque e a rima. Essa habilidade possibilita aos indivíduos identificar o ataque de uma sílaba de uma determinada palavra em outras palavras e reproduzir palavras cujas rimas coincidem. Um exemplo: o aluno que consegue perceber que a palavra [pai] "possui" a palavra [ai] já desenvolveu a habilidade de separar o ataque [p] da rima [ai] e, portanto, já possui a consciência intrassilábica.

A consciência fonêmica, por sua vez, é o nível mais abstrato da segmentação do contínuo da fala, pois poucos são os fonemas que podem ser realizados foneticamente isolados. Porém, o sistema de escrita alfabético exige uma complexa conversão de grafemas em fonemas para sua decodificação e, por isso, é necessária uma manipulação das unidades linguísticas que não possuem significado cuja alternância é contrastiva. Por exemplo, não pronunciamos separadamente o som da letra [m], mas para escrevermos [mãe] é necessário partir essa palavra em três fonemas que representam respectivamente as letras [m], [ã] e [e] para chegar na ortografia da palavra a ser escrita.

Além da manipulação consciente dos segmentos da fala, a leitura exige também o desenvolvimento de habilidades cognitivas que envolvem o reconhecimento dos grafemas que guardam grande grau de complexidade. De acordo com Dehaene (2009: 18-19), o sistema visual humano possui o princípio da invariância que permite o olho humano reconhecer objetos e faces a partir de traços distintivos apesar de uma possível variância superficial. Sendo assim, o sistema visual humano amplifica as diferenças significativas e negligencia as diferenças irrelevantes, isto é, diferenciamos uma mesa de uma cadeira, mas reconhecemos uma cadeira mesmo que ela esteja de cabeça para baixo. O mesmo não ocorre com as letras do alfabeto, pois diferenças topográficas, como posição e direção por exemplo, são relevantes para a distinção significativa dos grafemas. "Essa capacidade de se atentar aos detalhes relevantes [das letras] é resultado de anos de treinamento" (Dehaene, 2009: 21).

O cérebro humano busca satisfazer o princípio da simetria (Dehaene, 2013). Ao receber do sistema visual a imagem de um lado de um rosto humano, nosso cérebro processa a informação de modo a supor que o outro lado seja igual. Dessa forma, ele reconhece um rosto, mesmo tendo acesso apenas à imagem de uma parte do rosto – princípio da simetria – e despreza possíveis variações que não sejam significativas para a realização do reconhecimento – princípio da invariância.

As letras do alfabeto latino utilizadas para a escrita da língua portuguesa são constituídas pela combinação de retas e curvas. Scliar-Cabral (2015: 118) apresentou os traços diferenciais das letras. Assim, as letras se diferenciam pela posição da reta – vertical, horizontal e/ou inclinada –, pelo tamanho da reta – as horizontais são menores que as verticais –, pelas relações entre traços numa mesma reta – entre retas, entre curvas ou mistas – e pela direção – para esquerda ou para direita. Nesse ínterim, "a percepção dessas diferenças" em maior ou menor grau "vai de encontro à programação natural dos neurônios" (Scliar-Cabral, 2015: 119), que desprezam pequenas variações – princípio da invariância – e que buscam a simetria – princípio da simetria – na informação visual. As letras do alfabeto latino, portanto, ferem esses princípios de reconhecimento do sistema visual.

A constituição das letras do alfabeto latino oferece grandes dificuldades para seu reconhecimento por parte do sistema visual humano, que precisa passar por uma reciclagem neuronal[4] para, ao invés de reconhecer faces, reconhecer as letras do alfabeto. Uma das maiores dificuldades concentra-se em identificar as diferenças entre letras quando essas se constituem de diferenças de direção. Assim, "a maior dificuldade para o reconhecimento das letras [...] [é] a diferença entre a direção do traço para esquerda ou para direita e, em menor escala, a diferença entre a direção do traço de cima para baixo ou o inverso: espelhamento" (Scliar-Cabral, 2015: 119).

Em seu método Scliar de alfabetização, Scliar-Cabral (2018) estipula uma ordem de complexidade para a apresentação sistemática dos grafemas. A primeira delas concerne a "simplicidade dos traços que compõem a(s) letra(s)" (Scliar-Cabral, 2018: 141). Dessa forma, grafemas como /V/ que não possui par espelhado – como /p/ e /q/ – e a minúscula que só se difere pelo tamanho são ideais para iniciar a apresentação das letras aos alfabetizandos. A segunda regra contempla questões fonológicas, são preferidos os grafemas que possuem relação biunívoca com fonemas, e o prolongamento de sua realização deve ser possível. Esses critérios de apresentação dos grafemas possibilitam a vitória dos dois grandes desafios da alfabetização: o desenvolvimento da consciência fonológica e o reconhecimento das letras.

O APRENDIZADO DA LEITURA EM SUA ETAPA INICIAL

Pesquisas sobre o processamento e o aprendizado de leitura têm ganhado espaço entre os estudos linguísticos, principalmente da Psicolinguística da Leitura (Morais e Kolinsky, 2015). Na década de 1980, estudos, como Frith (1985), nortearam grande parte da produção de pesquisas sobre o aprendizado de leitura. Mais recentemente, Seabra e Capovilla (2010) contribuíram fortemente para a construção de embasamento sólido sobre processamento e aprendizado de leitura.

Em 1985, Utah Frith estabeleceu três estágios de desenvolvimento da habilidade de leitura: logográfico, alfabético e ortográfico. A primeira fase consiste em reconhecer palavras muito recorrentes por intermédio de pistas do desenho gráfico, como cor da letra e tipo de fonte, independentemente das letras que compõem essas palavras. Um exemplo é o das crianças quando reconhecem o logotipo de marcas famosas mesmo sem terem passado pelo processo de alfabetização. A segunda fase, alfabética, "refere-se ao conhecimento e uso individual dos fonemas e suas correspondências com os grafemas" (Frith, 1985: 306). Isto é, a criança usa essa estratégia quando realiza as correspondências entre os grafemas e os fonemas, decodificando o sistema de escrita "letra a letra". Na terceira estratégia, a criança reconhece as palavras por sua forma ortográfica sem a necessidade de conversão fonológica (Frith, 1985: 306).

Seabra e Capovilla (2010: 117) postularam seis fases, sendo que uma delas, a quarta fase, desdobra-se em duas, totalizando sete fases. São elas: leitura logográfica, escrita logográfica, escrita alfabética, leitura alfabética sem compreensão, leitura alfabética com compreensão, leitura ortográfica e escrita ortográfica. Na primeira fase, as crianças tratam as palavras como desenhos. Na segunda fase, as crianças imitam os traços das letras sem se darem conta da relação delas com a fala. Na terceira fase, as crianças mapeiam os sons da fala com as letras correspondentes. Na quarta fase, desenvolvida a partir do processo de alfabetização, as crianças convertem as letras em sons, mas não alcançam o significado da palavra que "leram". Na quinta fase, as crianças já realizam as correspondências grafofonêmicas e acessam o significado das palavras. Na sexta fase, as crianças leem reconhecendo as unidades fonêmicas e, na sétima fase, acessam o sistema lexical para escrever as palavras.

Embora se diferenciem quanto à quantidade de fases, os estudos apresentados apontam para a apresentação sistematizada dos fonemas e seus correspondentes grafêmicos como um fator decisivo para o desenvolvimento da leitura autônoma. A partir de pesquisas e de evidências científicas sobre o desenvolvimento da habilidade de leitura, identificamos as habilidades cognitivas necessárias para o desenvolvimento da leitura plena, isto é, para a correspondência grafofonêmica, que depende do desenvolvimento da consciência fonológica e do reconhecimento das letras.

COMO É DEFINIDA PELA LEI A LEITURA EM SÉRIES INICIAIS?

A Base Nacional Curricular Comum – doravante BNCC – é um documento de caráter normativo que define o conjunto orgânico e progressivo de aprendizagens essenciais que todos os alunos devem desenvolver ao longo das etapas e modalidades da educação básica, de modo que tenham assegurados seus direitos de aprendizagem e desenvolvimento. É dividido em Introdução, Estrutura, A Etapa da Educação Infantil e A Etapa do Ensino Fundamental. Primeiramente, o documento parte do pressuposto de que se aprende a escrever da mesma forma, isto é, naturalmente desde que inseridas em ambientes alfabetizadores, como pode ser visto no trecho a seguir:

> ao ouvir e acompanhar a leitura de textos [...] [a criança] vai construindo sua concepção de língua escrita, reconhecendo diferentes usos sociais da escrita, dos gêneros, suportes e portadores [...]. Nesse convívio com textos escritos, as crianças vão **construindo hipóteses** sobre a escrita que se revelam, inicialmente, em rabiscos e garatujas e, à medida que vão conhecendo letras, em escritas espontâneas, não convencionais, mas já indicativas da **compreensão da escrita como sistema de representação da língua.** (Brasil, 2018: 37-38; grifos nossos)

Soares (2017b) afirma que a aprendizagem de leitura tem muitas facetas: a fônica, a da leitura fluente, a da leitura compreensiva e a social. Cada qual fundamentada com seus aportes teóricos, todas são igualmente importantes. Negligenciar qualquer uma delas compromete o desenvolvimento da literacia.[5] Afinal, não é possível ensinar a ler sem abordar o ensino sistemático das relações entre fala e escrita, das atividades próprias da correspondência grafofonêmica.

Soares (2018: 39-43) mostra que, na década de 1980, houve um confronto de teorias – com reflexos no Brasil e nos documentos oficiais – sobre como aprendemos a ler. De um lado, havia os que acreditavam que aprendíamos a ler de modo natural como na fala e, do outro, havia os que acreditavam que aprendíamos a ler de modo explícito e sistemático. Com efeito, esse procedimento sobrecarrega a memória do aluno de modo que cada palavra adicional se torna cada vez mais difícil de adquirir, e a estratégia seletiva acabará por quebrar em meio a erro e confusão. Para ter sucesso no aprendizado de leitura, o aluno deve reconhecer as unidades básicas do texto, isto é, as letras que formam uma palavra. Ele deve encontrar dados suficientes para desvendar correspondências entre grafemas e fonemas. Nada disso é natural, mas se conseguir desvendar essa relação, o aprendiz vai ler.

As consequências desse embate teórico no Brasil resultaram na negligenciação do caráter linguístico no ensino de leitura no país. Urge, portanto, aliar pesquisas científicas sobre as habilidades cognitivas necessárias para o aprendizado de leitura para substituir os equívocos encontrados nos documentos oficiais.

QUAIS AS CONSEQUÊNCIAS DESSA CONCEPÇÃO DE LEITURA PARA AS SÉRIES INICIAIS?

Buscando avaliar os impactos das atuais metodologias de ensino de leitura nas séries iniciais, observamos resultados de dois instrumentos de avaliação em suas últimas versões: a Avaliação Nacional de Alfabetização (ANA) de 2016 e o Programa Internacional de Avaliação de Estudantes (Pisa) de 2018.

A ANA é direcionada para unidades escolares e a estudantes matriculados no 3º ano do ensino fundamental, fase final do Ciclo de Alfabetização. Foram aplicados testes com o intuito de aferir os níveis de alfabetização e o desempenho em alfabetização e letramento em Língua Portuguesa e alfabetização em Matemática compostos por 20 itens. No caso de Língua Portuguesa, o teste foi composto de 17 itens objetivos de múltipla escolha e 3 itens de produção escrita; e, no caso de Matemática, 20 itens objetivos de múltipla escolha (Brasil/Inep, 2016). As habilidades e competências foram avaliadas a partir dos eixos apresentados no Quadro IV.

QUADRO IV
Descrição dos níveis e habilidades avaliados em Língua Portuguesa, ANA – 2016.

Nível			Descrição do Nível
1	ELEMENTAR	INSUFICIENTE	Ler palavras dissílabas, trissílabas e polissílabas com estruturas silábicas canônicas, com base em imagem.

2	BÁSICO	INSUFICIENTE	Identificar a finalidade de textos como convite, cartaz, texto instrucional (receita) e bilhete. Localizar informação explícita em textos curtos (com até cinco linhas) em gêneros como piada, parlenda, poema, tirinha (história em quadrinhos em até três quadros), texto informativo e texto narrativo. Identificar o assunto de textos, que pode ser notado no título ou na primeira linha em gêneros como poema e texto informativo. Inferir o assunto de um cartaz apresentado em sua forma estável, com letras grandes e mensagem curta e articulação da linguagem verbal e não verbal.
3	ADEQUADO	SUFICIENTE	Inferir o assunto do texto de divulgação científica para crianças. Localizar informação explícita, situada no meio ou final do texto, em gêneros como lenda e cantiga folclórica. Identificar o referente de um pronome pessoal do caso reto em gêneros como tirinha e poema narrativo. Inferir relação de causa e consequência em gêneros como tirinha, anedota, fábula e texto de literatura infantil. Inferir sentido com base em elementos verbais e não verbais em tirinha. Reconhecer significado de expressão de linguagem figurada em gêneros como poema narrativo, texto de literatura infantil e tirinha.

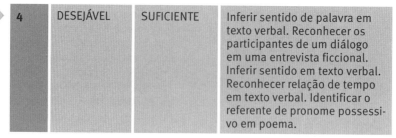

Fonte: Brasil/Inep, 2016.

Os resultados do ANA 2016 que se referem à leitura são alarmantes: mais da metade das crianças brasileiras ao final do 1º ciclo de alfabetização (55,83%) estão entre os níveis 1 e 2, considerados insuficientes no que diz respeito à leitura. A situação ainda é mais crítica no Norte (70,21%) e no Nordeste (69,15%), (cf. Quadro V).

QUADRO V
Percentual de estudantes por nível das regiões brasileiras, leitura – ANA 2016

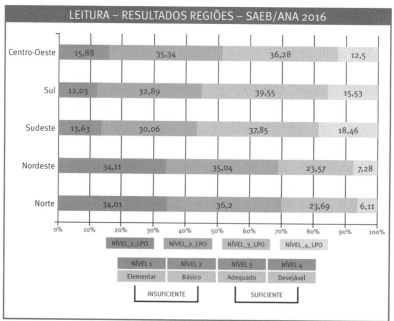

Fonte: Brasil/Inep, 2017.

O Pisa "é uma iniciativa de avaliação comparada, aplicada a estudantes na faixa dos 15 anos, idade em que se pressupõe o término da escolaridade básica obrigatória na maioria dos países" (Brasil/Inep, 2019).[6] Os testes são aplicados de três em três anos. Participam dessa avaliação os alunos "selecionados de todos os estados" (Brasil/ Inep, 2019), na faixa de 15 anos de idade, a partir de seu 7º ano de estudo. Os dados são coletados por intermédio de questionários específicos para os alunos, para os professores e para as escolas. O Pisa estipula sete níveis de proficiência. Devido a uma grande percentagem de indivíduos que não alcançavam o nível 1 (vide Quadro VI), criaram-se os níveis 1a e 1b. Os resultados de 2018 para o Brasil no tocante à leitura, nível a nível, estão no Quadro VI.

QUADRO VI
Descrição e percentual de estudantes nos sete níveis de proficiência em leitura – Pisa 2018

Nível	Escore mínimo	Percentual de estudantes no nível	Características das tarefas
6	698	OCDE: 1,3% Brasil: 0,2%	Nesse nível, as tarefas requerem normalmente que o leitor faça múltiplas inferências, comparações e contrastes com precisão e detalhamento, e que demonstre a compreensão completa e detalhada de um ou mais textos, podendo envolver a integração de informações de mais de um texto. Podem exigir que o leitor lide com ideias desconhecidas, na presença de informações concorrentes relevantes, e produza categorias abstratas para a interpretação. Tarefas de refletir e analisar podem solicitar que o leitor levante hipóteses sobre ou avalie criticamente um texto complexo sobre um assunto desconhecido, levando em consideração critérios ou perspectivas múltiplos e aplicando interpretações sofisticadas externas ao texto. Uma condição marcante para tarefas de localizar e recuperar nesse nível é a precisão da análise e a atenção refinada a detalhes pouco perceptíveis nos textos.
5	626	OCDE: 7,4% Brasil: 1,7%	Nesse nível, tarefas de recuperação de informação requerem que o leitor localize e organize informações profundamente integradas, inferindo sobre quais informações no texto são relevantes. Tarefas de refletir pedem avaliação crítica ou levantamento de hipóteses, com base em conhecimento especializado. Tanto tarefas interpretativas como reflexivas exigem uma compreensão total e detalhada de texto com conteúdo ou forma não familiar. Para todos os aspectos da leitura, as tarefas nesse nível normalmente envolvem lidar com conceitos contrários às expectativas.

4	553	OCDE: 18,9% Brasil: 7,4%	Nesse nível, tarefas de recuperação de informação requerem que o leitor localize e organize diversos fragmentos de informação integrada. Algumas tarefas nesse nível exigem interpretação do significado de nuances da linguagem em uma parte do texto, levando em consideração o texto como um todo. Outras tarefas interpretativas nesse nível exigem que o leitor use conhecimento público ou formal para levantar hipóteses ou analisar criticamente um texto. O leitor deve demonstrar uma compreensão precisa de textos longos ou complexos cujo conteúdo ou forma podem não ser conhecidos.
3	480	O C D E : 26,0% Brasil: 16,3%	Nesse nível, algumas tarefas requerem que o leitor localize e, em alguns casos, reconheça a relação entre vários fragmentos de informação que devem satisfazer múltiplas condições. Tarefas interpretativas exigem que o leitor integre várias partes do texto a fim de identificar a ideia principal, entender a relação ou construir o significado de uma palavra ou oração. O leitor deve considerar muitas características textuais ao fazer comparações, diferenciações e categorizações. Em geral, a informação exigida não é relevante, há muita informação concorrente ou o texto apresenta outros obstáculos, tais como ideias contrárias à expectativa ou formuladas de maneira negativa. Tarefas reflexivas nesse nível podem solicitar correlações, comparações e explicações ou exigir que o leitor avalie uma característica do texto. Algumas exigem que o leitor demonstre uma compreensão refinada do texto em relação a conhecimentos do cotidiano. Outras tarefas não requerem uma compreensão detalhada do texto, mas pedem que o leitor explore um conhecimento menos comum.

2	407	OCDE: 23,7% Brasil: 24,5%	Nesse nível, algumas tarefas requerem que o leitor localize um ou mais fragmentos de informação, que podem ter de ser inferidos ou satisfazer diversas condições. Outras exigem o reconhecimento da ideia principal em um texto, o entendimento de relações ou a construção de significado dentro de uma parte específica dele quando a informação não é proeminente e o leitor deve fazer inferências de nível baixo. Tarefas nesse nível podem envolver comparação ou contraste com base em uma característica única do texto. Tarefas típicas de reflexão exigem que o leitor faça uma comparação ou diversas correlações entre o texto e o conhecimento externo, explorando sua experiência e atitudes pessoais.
1a	335	OCDE: 15,0% Brasil: 26,7%	Nesse nível, as tarefas requerem que o leitor localize um ou mais fragmentos independentes com informação explícita, reconheça o assunto principal ou a finalidade do autor em um texto sobre assuntos conhecidos ou faça uma correlação simples entre a informação no texto e um conhecimento do cotidiano. Normalmente, a informação exigida no texto é evidente e há pouca ou nenhuma informação concorrente. O leitor é explicitamente direcionado a considerar os fatores relevantes na tarefa e no texto.
1b	262	OCDE: 6,2% Brasil: 17,7%	Nesse nível, as tarefas requerem que o leitor localize um único fragmento de informação explícita em uma posição evidente em um texto curto e sintaticamente simples, com contexto e tipo de texto conhecidos – por exemplo, uma narrativa ou uma lista simples. O texto normalmente oferece ajuda ao leitor, tal como a repetição da informação, apresentação de figuras ou símbolos conhecidos. Há um mínimo de informação concorrente. Em tarefas que exigem interpretação, o leitor pode precisar fazer correlações simples entre fragmentos de informações adjacentes.
Abaixo de 1b		OCDE: 1,4% Brasil: 5,3%	A OCDE não especifica as atividades envolvidas.

Fonte: Brasil/Inep (2019: 66-69)

Os resultados do Pisa em 2018, que se referem à leitura no Brasil, são dignos de profunda reflexão sobre o processo de literacia no Brasil: cerca de 50% dos alunos avaliados (que, cabe lembrar, estavam entre a 7ª série e o 3º ano do ensino médio) obtiveram pontuação abaixo do nível 2 (vide Quadro VII).

QUADRO VII
Percentual de estudantes por nível dos países selecionados, leitura – Pisa 2018

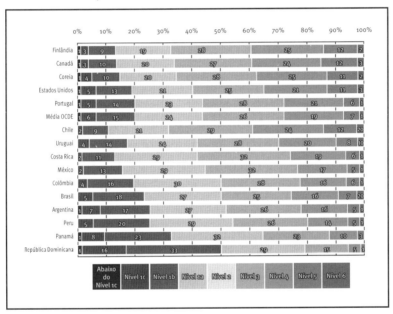

Fonte: Brasil/Inep (2019: 70)

Pelo quadro, o Brasil sequer atinge os níveis 5 e 6 de leitura e o percentual estimado ao nível 4 é irrelevante. A grande concentração dos estudantes brasileiros incide nos níveis 1ª e 2º. Nossos alunos só são capazes, predominantemente, de cumprir tarefas de localização de informação explícita no texto. Os brasileiros não atingem as etapas inferenciais de leitura, que os identificariam como leitores plenos. De acordo com o relatório da Brasil/Inep (2019: 69-70), cerca de 50% dos estudantes brasileiros não apresentam o nível mínimo de proficiência em leitura, ou seja, enfrentam grandes obstáculos em sua formação educacional básica, quais sejam: prosseguir com seus estudos, conquistar espaço no mercado de trabalho e participar plenamente da sociedade.

O APRENDIZADO DE LEITURA EM SUA ETAPA FINAL

Para se tornar um bom leitor, é necessário que o indivíduo desenvolva a automatização da correspondência grafofonêmica e tenha acesso automático ao significado das palavras. Assim, o cérebro "fica livre" para processar informações mais complexas extraídas das palavras, desde como elas se organizam nas frases até como elas compõem o sentido do texto. Quanto mais consciente desse processo, mais proficiente o leitor é. Assim, o desenvolvimento da metacognição está presente desde a consciência fonológica à consciência pragmática.

O que é metacognição? De onde surgiu esse termo? Como a metacognição pode contribuir para o aprendizado de leitura desde as séries iniciais até as séries finais?

O termo *metacognição* foi utilizado pela primeira vez, em 1976, por Flavell em seu artigo "A natureza da inteligência" (do inglês *The nature of intelligence*) (Brown, 1977). Assim, Flavell define metacognição como o conhecimento sobre os processos cognitivos, seus produtos, as propriedades relevantes da informação e os dados da aprendizagem. Em geral, a metacognição (metamemória, meta-aprendizagem, meta-atenção, metalinguagem, entre outros) envolve situações em que o sujeito é ativo no desenvolvimento de seu raciocínio.

Flavell, Friedrichs e Hyot (1970) concluíram que as estratégias de memorização e a metamemória estão intimamente inter-relacionadas no desempenho das crianças nas atividades de memorização, isto é, quanto mais desenvolvida a consciência que as crianças tinham do processo de memorização, maior era o refinamento das estratégias de memorização e, portanto, mais chances de as crianças serem bem-sucedidas nessas atividades. Dessa forma, os autores destacaram que a natureza e o desenvolvimento do conhecimento e consciência dos sujeitos de seu próprio sistema de memória é um problema de pesquisa particularmente importante e oportuno devido a sua aplicabilidade em metodologias de ensino que visam fornecer estratégias de memorização.

O surgimento do termo metacognição, dentre outros como metamemória e metacompreensão, ocasionou uma certa confusão no meio científico da época, como é narrado por Brown (1977). Dessa forma, o autor afirma que há uma confusão no meio científico devido à proliferação de termos acrescidos do termo "meta" na literatura de sua época sobre o desenvolvimento da cognição. Entretanto, o autor defende o acréscimo de 'meta' no termo cognição por julgar necessário uma mudança de foco das pesquisas. Assim, os processos descritos como metacognitivos são aspectos importantes do conhecimento, pois é de maior interesse investigar a consciência sobre as próprias cognições. Nesse contexto, o resultado da avaliação inteligente e o controle dos próprios processos cognitivos são, segundo o autor, "sintomas secundários" dos processos subjacentes básicos da metacognição.

Flavell (1979: 906) afirma que a metacognição desempenha um papel importante na comunicação oral de informação, na persuasão oral, na compreensão oral, na compreensão da leitura, na produção escrita, na aquisição da linguagem, na atenção, na memória, na resolução de problemas, na cognição social e em vários tipos de autocontrole e autoinstrução.

Brown (1977) observou, em seu relatório sobre uma série de experimentos que realizou junto a sua equipe, o desenvolvimento de habilidades de resolução de problemas denominadas de metacognição, em particular, as habilidades de prever, verificar, monitorar, coordenar e controlar tentativas deliberadas de aprender ou resolver problemas. Assim, o autor define metacognição como a capacidade de introspecção sobre o próprio desempenho e de diferenciar a própria perspectiva da dos outros. Uma característica da pesquisa que investiga estratégias de realização de atividades cognitivas é objetivar a aplicação no ensino de diversas disciplinas como Matemática, Ciências e Linguagem. Contudo, a leitura e compreensão de textos é o enfoque de muitos desses trabalhos.

Barton e Hamilton (1998) investigaram o conceito de palavra em adultos com um baixo nível de alfabetização e os compara com um grupo de controle de indivíduos alfabetizados. Os participantes deram definições de palavra e julgaram se itens específicos eram palavras durante uma entrevista de consciência metalinguística. Poucos adultos deram definições plenamente adequadas em conteúdo ou forma. As definições foram analisadas em três dimensões principais: funções, unidades e significado. Houve diferenças de acordo com o nível de alfabetização: leitores eficientes elaboraram mais referências para unidades e menos referências a funções escritas. Eles se aproximaram mais frequentemente da forma ideal em suas definições. Já os adultos pouco alfabetizados não dominavam plenamente o vocabulário e tiveram dificuldade de relacionar os conceitos com seus respectivos significados. Verificamos, portanto, que o processo de alfabetização é um processo de tomada de consciência das unidades linguísticas, o que contribui para a construção do conceito de palavra e para o reconhecimento das funções dela.

Campione, Brown e Connell (1989) afirmaram que as práticas educacionais padrão, isto é, as tradicionais, no que diz respeito à instrução e avaliação, não fizeram previsão para a incorporação de habilidades metacognitivas. Isso teve consequências negativas para os alunos. Componentes metacognitivos da aprendizagem envolvem o controle de recursos cognitivos. Entretanto, as práticas educacionais tradicionais, tanto na instrução quanto na avaliação, tendem a ignorar esses aspectos. Especificamente, os estudantes não estão cientes das razões pelas quais habilidades e procedimentos são ensinados. Raramente, são dados ensinamentos explícitos em relação à orquestração, gestão e uso apropriado dessas habilidades. E eles raramente são obrigados a refletir em suas próprias atividades de aprendizagem. Por isso, há nos alunos uma defasagem dessa capacidade de reflexão sobre seu próprio processo de ensino aprendizagem.

Diante dessa constatação, os autores propõem aproximações alternativas incorporando fatores metacognitivos em instrução e avaliação. Em cada caso, estudantes e adultos trabalham em colaboração para resolver problemas. No curso dessas colaborações, o adulto modela estratégias de solução de problemas apropriadas, juntamente com a seleção e monitoramento das abordagens. O adulto também fornece um comentário caso o aluno precise sobre qualquer ponto. Isso pode ser feito, por exemplo, para extrair o significado de uma palavra desconhecida ou para resolver um problema de álgebra. No início, o professor intervém mais no trabalho cognitivo e, com o tempo, essa contribuição vai diminuindo à medida que os alunos se tornam progressivamente mais capazes em orquestrar o processo de solução de problemas por si mesmos. É importante salientar que o conjunto de estratégias apropriadas ao domínio deve estruturar as discussões (Campione, Brown e Connell, 1989: 110-111).

Os métodos de avaliação dinâmica devem apresentar às crianças problemas além da sua competência existente, isto é, devem ser desafiadores. A facilidade com que os alunos aplicam ou transferem os princípios que eles aprenderam é considerada uma indicação de compreensão desses princípios pelos alunos. Esse desempenho de transferência é o índice mais sensível de prontidão de um aluno para prosseguir dentro de um domínio particular. Campione, Brown e Connell (1989: 112-113) propõem quatro princípios principais de contextos de apoio à aprendizagem: (a) o objetivo da avaliação e da instrução deve ser entender os procedimentos e não apenas velocidade e precisão; (b) a orientação de especialistas deve servir para revelar e promover competência independente; (c) a análise microgenética permite a aprendizagem em curtos períodos de tempo; e (d) a avaliação e a instrução visam a um estágio além do desempenho atual e a antecipação de níveis de competência ainda não alcançados individualmente, mas possíveis dentro de ambientes de aprendizagem de apoio.

Na década de 1980, o termo metacognição passou a ser equivalente à consciência de processos cognitivos, dentre eles os processos cognitivos que pertencem à linguagem. Tunmer e Rohl (1991: 3) definem *consciência metalinguística* como "capacidade de realizar operações mentais sobre a compreensão de frases, desde fonemas, palavras, representações estruturais de sentenças até conjuntos de proposições inter-relacionadas".

FIGURA 1
Esquema conceitual da consciência metalinguística

```
                    Consciência Metalinguística
                   /        |         |         \
            Pragmática   Sintática  Morfológica  Fonológica
                                                /        \
                                          Holística   Analítica
                                                         |
                                                      Silábica
                                                         |
                                                   Intrassilábica
                                                         |
                                                      Fonêmica
```

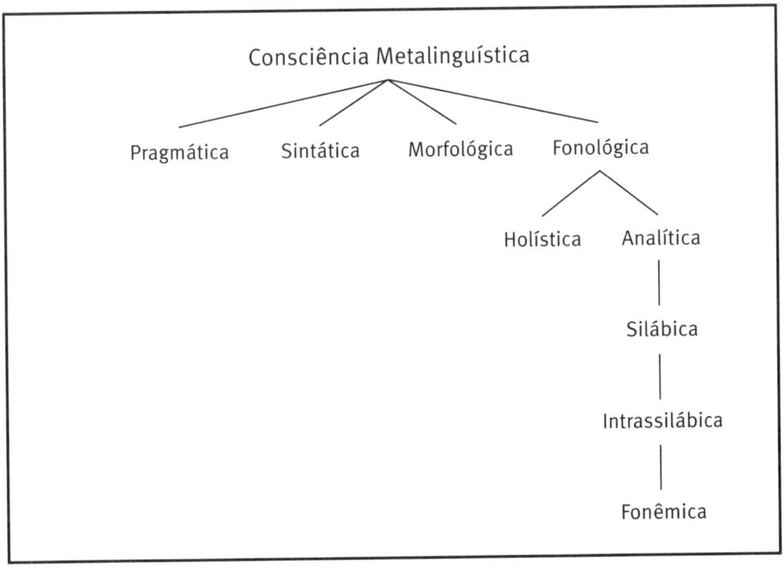

Fonte: Fonseca, 2017.

Assim, a consciência metalinguística contém a *consciência fonológica*, a *consciência morfológica (da palavra)*, a *consciência sintática* e a *consciência pragmática* (Tunmer e Rohl, 1991: 3). A *consciência pragmática* permite a integração entre as proposições individuais e inferenciais da *praxis* linguística, viabilizando ao indivíduo identificar as funções da fala. Já a *consciência sintática* atribui representação mental a grupos de palavras dentro das estruturas das sentenças, permitindo ao indivíduo concatenar e organizar as palavras dentro das frases. A *consciência da palavra*, por sua vez, permite a operacionalização do mecanismo de acesso lexical. Dessa forma, o indivíduo consegue acessar as palavras, seus usos e significados. A *consciência fonológica* pode ser definida como a consciência dos sons da fala de uma dada língua (Lamprecht e Costa, 2006: 16), isto é, "o conhecimento consciente, explícito, das unidades e das propriedades fonológicas da língua" (Morais, 2013: 138).

APLICAR OU NÃO A METACOGNIÇÃO AO ENSINO DE LEITURA?

O conceito de metacognição pode auxiliar nessa discussão uma vez que propõe que uma metodologia de ensino coerente deve levar em consideração os processos metacognitivos envolvidos no aprendizado de um determinado domínio cognitivo, nesse caso do aprendizado de leitura. Pilati (2018) aponta para a não aplicação dessas importantes descobertas da pesquisa científica sobre a linguagem e as línguas na sala de aula. O conceito de metacognição e sua aplicação em sala de aula, por exemplo, estão quase completamente ausentes dos materiais didáticos e dos documentos oficiais. Tanto que o ensino da metacognição e do sistema da língua, isto é, a gramática, é criticado nos Parâmetros Curriculares Nacionais (PCNs), em que a gramática "tornou-se emblemática de um conteúdo estritamente escolar, do tipo que só serve para ir bem na prova e passar de ano" (Brasil, 1998a: 31), portanto, não valorizado para o ensino.

Mostrar ao aluno que a língua não é um punhado de conceitos soltos e desconexos, mas um sistema vivo que possui hierarquia e organização lógica é fundamental para o aprendizado de leitura em seu sentido amplo, isto é, para além da decodificação, seguindo para a compreensão e interpretação textual.

ALFABETIZAÇÃO E POLÍTICA PÚBLICA

Atento ao aspecto metacognitivo do ensino da leitura e da escrita, o Ministério da Educação (MEC) adotou uma política pública para a alfabetização. O Decreto 9765/19 assume que a alfabetização deve ser promovida com base em "evidências científicas" (art. 1º), como as que foram apresentadas ao longo deste capítulo e que apontam para o desenvolvimento da metacognição e, sobretudo, para o desenvolvimento da consciência fonológica na fase inicial do aprendizado da leitura.

Um aspecto relevante desse decreto é definir conceitos importantes – 2º artigo, incisos I a IX – que caíram no obscurantismo pedagógico em 1980, quando o construtivismo se consolidou como metodologia de alfabetização no Brasil, mesmo Piaget não o tendo concebido como tal. Assim, a alfabetização é concebida como "ensino das habilidades de leitura e de escrita em um sistema alfabético, a fim de que o alfabetizando se torne capaz de ler e escrever palavras e textos com autonomia e compreensão" (Brasil, 2019).

O decreto apresenta seis componentes essenciais para a alfabetização: consciência fonêmica, instrução fônica sistemática, fluência em leitura oral, desenvolvimento de vocabulário, compreensão de textos e produção de escrita. O texto também aponta os caminhos metodológicos a serem seguidos como a instrução fônica sistemática e o objetivo principal da alfabetização: o desenvolvimento da literacia e da numeracia (Brasil, 2019, art. 3º).

Outro aspecto relevante do decreto foi o de estabelecer uma faixa etária ideal para a alfabetização, que deve ser efetivada no 1ª ano do ensino fundamental. Ressalte-se que o trabalho pedagógico para o desenvolvimento da linguagem oral e da literacia emergente[7] deve se iniciar já na Educação Infantil (Brasil, 2019, art. 5º).

A LINGUÍSTICA E O PAPEL DA LEITURA

A leitura é necessária para todas as disciplinas. É o coração da educação. Aprender a ler supõe vários requisitos contextuais e técnicos. Por lei, o ensino fundamental tem por objetivo "o desenvolvimento da capacidade de aprender, tendo como meios básicos o pleno domínio da leitura" (LDB 9394/96, art. 32. I).

As pesquisas científicas sobre alfabetização e metacognição, especialmente em Psicolinguística Educacional (Carton e Castiglione, 1976), devem embasar práticas pedagógicas que promovam o pleno domínio da leitura. A leitura pressupõe processos perceptivos que permitem o indivíduo a realizar o reconhecimento da forma física do sinal gráfico e a chegar à compreensão da mensagem escrita (Morais, 1994: 112). Para que o aluno das séries iniciais vença o desafio, é preciso que ele desenvolva habilidades de reconhecimento dos grafemas e proceda a correlação desses grafemas aos fonemas, já que o sistema de escrita do português é alfabético e estabelece a correspondência grafofonêmica para a decodificação e consequente compreensão desse tipo de sistema de escrita. Quadrio (2016) comprova a eficiência do trabalho com consciência fonológica através do resultado eficaz de atividades de intervenção pedagógica que auxiliam o aprendente na segmentação da escrita.

Já para o aluno das séries finais, há a necessidade de compreensão dos processos metacognitivos para apreensão total do sentido do texto, conforme explicitamos no primeiro capítulo ao tratarmos das sintaxes cognitivas.

O noviço enfrenta dois desafios. O primeiro consiste na manipulação consciente dos sons da fala até seus constituintes mínimos. Segundo Silva (2012: 42), a consciência fonológica ou metafonológica é um conjunto de habilidades que envolvem a percepção de que a fala pode ser dividida em palavras, sílabas e em fonemas.

O segundo problema consiste na invariância da palavra: o nosso cérebro é programado para reconhecer objetos independentemente da posição em que se encontram: é necessário que haja uma recombinação das redes neurais para que o indivíduo reconheça a diferença entre "d" e "b", por exemplo (Dehaene, 2009: 18). Face a esses e a outros desafios, torna-se necessário empreender pesquisas que investiguem os mecanismos cognitivos de processamento da informação durante a leitura "adaptados às características visuais e espaciais do material escrito e à natureza dos processos envolvidos" (Morais e Kolinsky, 2015: 130). Também se faz necessário criar ambiente favorável para a construção dessa aprendizagem.

A Psicolinguística da leitura recorre, desde seu início, ao método experimental para realizar seus avanços científicos. Acumular massa crítica na área conduz à técnica de registro dos movimentos oculares, o rastreamento ocular, utilizada para a produção de dados e para extrair inferências a respeito do processamento da leitura dos leitores noviços. A partir daí, passamos a embasar práticas pedagógicas que desenvolvam um ensino de leitura eficiente. Nesse sentido, as atividades pedagógicas que envolvem manipulação consciente dos segmentos da fala e reconhecimento dos traços distintivos entre os grafemas são fundamentais para o pleno desenvolvimento da leitura, principalmente nas séries iniciais.

A leitura perpassa todo o ensino de língua portuguesa e sua base assenta-se no processo de alfabetização. Em entrevista de Magda Soares,[8] os profissionais de educação fracassaram completamente na empreitada de alfabetizar adequadamente as crianças brasileiras. Para a pesquisadora, tal se deve ao fato de os cursos de Pedagogia não serem voltados para a prática, pois dão ênfase em filosofias de educação. Para a autora, a esperança situa-se na Linguística, em estudos avançados em Sociolinguística, em Psicolinguística, em Neurolinguística. Também a Linguística das emoções, segmento muito novo na área, vem aqui somar e vislumbrar mais elementos na missão de vencer as estatísticas do analfabetismo funcional no Brasil.

Na mesma direção, a presença da tecnologia na vida e, consequentemente, no processo educacional dos estudantes na atualidade deve ser enfocada pela Sociolinguística e sua relação com cyber-redes, buscando através da inovação na escola contemporânea o combate ao analfabetismo funcional.

Notas

1. "O Laboratório de Eletrofisiologia e Rastreamento Ocular da Linguagem (LER) é o resultado do trabalho conjunto dos laboratórios de Psicolinguística e de Neurociência da Linguagem da Faculdade de Letras da UFRJ, a saber, LAPEX, ACESIN e LADS, além de incluir outros pesquisadores da UFRJ, UERJ, CEFETRJ e Unicamp (http://www.ler.letras.ufrj.br/). O objetivo central do laboratório LER é o de desenvolver um programa de pesquisa translacional que propulsione a fertilização entre a Linguística Teórica, a Psicolinguística, a Neurociência da Linguagem e a Educação para contribuir para a solução de um problema nacional: o fracasso da educação básica do Brasil" (Maia, 2018).
2. "A área da retina especializada para a visão de alta acuidade" (Pinel, 2005: 160).
3. Sistema de escrita alfabético é um conjunto "de sinais visuais ou táteis usados para representar unidades de uma língua de um modo sistemático" e "as regras que codificam [mensagem representada] num sistema de escrita" (Coulmas, 1999: 560). Os sistemas baseados em som ou sistemas fonográficos conectam grafemas a sons, mas as unidades representadas podem variar. Podem ser as vogais e as consoantes (sistemas alfabéticos); somente as consoantes (sistema consonantal) ou a sílaba (sistema silábico). O sistema de escrita da língua portuguesa é alfabético (Cook e Bassetti, 2005: 4).
4. "Alguns neurônios "passam a reconhecer subdivisões dos traços primários invariantes [...] indo às vezes de encontro à programação genética" (Scliar-Cabral, 2010).
5. "Literacia é o conjunto das habilidades da leitura e da escrita (identificação das palavras escritas, conhecimento da ortografia das palavras, aplicação aos textos dos processos linguísticos e cognitivos de compreensão)" (Morais, 2013: 30).
6. Disponível em <http://portal.inep.gov.br/web/guest/acoes-internacionais/pisa/resultados>, acesso em 5 dez. 2019.
7. "Conjunto de conhecimentos, habilidades e atitudes relacionadas com a leitura e a escrita, desenvolvidos antes da alfabetização" (Brasil, 2019, art. 2º IX.).
8. Disponível em <https://soundcloud.com/user-665371374>, acesso em 04 fev. 2020.

Tecnologia e inovação: pauta da educação contemporânea

A WEB NOS ESTUDOS CONTEMPORÂNEOS, NA FORMAÇÃO DOCENTE E NA SALA DE AULA

Nos dias atuais, há forte pressão de se inserir a tecnologia nas escolas com o alerta de que seu uso não se torne inócuo nem redundante, tendo em vista que o aluno de hoje é um nativo virtual. A despeito das dificuldades operacionais e financeiras, é fato que as interações on-line constituem práticas usuais entre falantes e surdos minimamente letrados em língua materna e em língua estrangeira (LE) em contextos exógenos às agências educacionais. Não há, no entanto, como escapar da onda tecnológica global também a serviço do ensino.

Neste capítulo, evidenciamos o alcance de sistemas virtuais inteligentes na descrição e entendimento do funcionamento do uso da linguagem em redes on-line, de modo a explicitar a eficiência da aplicação tecnológica em estudos voltados para análise sociolinguística nos diferentes níveis educacionais. Uma educação que agoniza precisa ser descrita, explicada e entendida em dimensão ampla e com os mais diversos recursos que possam reduzir as limitações até então intransponíveis.

Muito se tem feito na área de linguagem documentária. As pesquisas no campo do tratamento computacional da linguagem – Linguística de *Corpus,* Linguística Computacional, Inteligência Artificial – oferecem *softwares* inovadores, estratégias de tradução automática, conversão de letra-som para cegos, concordanceadores, analisadores sintáticos, etiquetadores morfossintáticos, leitura de imagens, compiladores de *corpora.* São excelentes e indispensáveis mecanismos de inclusão e de exploração e leitura inteligente de grande quantidade de dados.

Com os repositórios de amostras e pacotes para processamento de dados para fins de se obter resultados estatísticos em todas as áreas de investigação, os cientistas já atingiram muitos objetivos. Via de regra, no entanto, os estudos enfatizam somente as questões de classificação, de buscas e de indexação temática de informações, de correlação de variáveis para a obtenção de quantitativos com base em empiria que sustentem teorias e hipóteses em diferentes subáreas da Linguística.

A prática de educação à distância (EAD) vem igualmente tomando vulto no mundo enquanto recurso de qualificação profissional e formação continuada a profissionais de todas as áreas em níveis diversos. Com efeito, a área da Linguística Educacional tem se valido de cursos em EAD. Contudo, as pesquisas a respeito se restringem a discutir sua importância quanto ao compartilhamento de saberes e à quebra de barreiras culturais. Enaltecem a possibilidade que a EAD apresenta de estreitar povos, de derrubar fronteiras geográficas. Contribuem também para as questões educacionais e apontam inúmeras estatísticas relativas a políticas públicas que vêm lançando mão dessa modalidade de ensino largamente praticada no Brasil.

Não há, entretanto, pesquisas sobre as estruturas linguístico-discursivas dos textos que são produzidos nas plataformas dos cursos e dos treinamentos à distância, nem sobre o perfil sociolinguístico dos usuários. Poucas são as exceções, como a pesquisa de Barbosa (2010), que examinou as estratégias de polidez e de não polidez nas mensagens trocadas entre alunos e professores utilizando-se dos princípios de cooperação no quadro da Pragmática. Carecemos, portanto, de uma aplicação consequente do ensino à distância se queremos implementar a EAD mais amplamente na educação básica.

Há limitações próprias ao ambiente virtual que se impõem sobre certas análises de campo. O contato on-line vem se revelando profícuo para a Sociolinguística, seja para a obtenção de dados na incontável gama de redes atualmente existentes, seja para a descrição comparativa da escrita em dispositivos, como e-mail, Facebook, WhatsApp, salas de bate-papo, sites acadêmicos, de encontros. Atualmente, também a sociolinguística de redes on-line vem se tornando indispensável para o entendimento e monitoramento de questões educacionais emergentes, quer no nível básico e fundamental quer no nível superior.

SOCIOLINGUÍSTICA EM AMBIENTE VIRTUAL

É possível proceder a estudos sobre a constatação de variação, de mudança e de estilos em distintas comunidades discursivas por meio de autoidentificação (Eckert e Rickford, 2001). Há que ter como base os perfis identitários em razão de eventuais ortografias desviantes da revelação de crenças e atitudes linguísticas por parte do internauta.

Nos idos de 1980, a Sociolinguística já trabalhava com a noção de redes, somente off-line, com objetivos voltados para as questões migratórias que podem resultar em processos de estandartização ou de rejeição a formas empregadas precisamente pelos contatos dos participantes entre as redes. Destaquem-se os trabalhos de Milroy (1980), Milroy e Milroy (1985), Giles (1980), Trudgill (1986). Labov (1972) empreendeu pesquisa pioneira no famoso estudo em Martha's Vineyard e verificou as escolhas que os falantes fazem quando aderem às construções canônicas ou quando mantêm traços locais de origem, opção pela direção do prestígio ou pela direção da identidade, respectivamente.

Surgem teorias de acomodação que vêm oferecendo alicerces aos estudos sobre bilinguismo a partir de movimentos migratórios e de contato, de crenças, de atitudes, descrevendo a extinção de marcas dialetais e de vestígios de línguas de herança. No Brasil, Bortoni-Ricardo (2010) desenvolveu também o emblemático estudo sobre redes, por ocasião da formação de Brasília, em que confirma a hipótese de que os migrados conservam os traços dialetais se mantidos dentro de suas redes (nichos) encapsuladas. Em livro publicado no Brasil, a autora reproduz o estudo com muitas atualizações (Bortoni-Ricardo, 2010).

Mollica (2012) retoma a noção de redes, alargando o escopo de pesquisa ao buscar constituir amostra linguística de falantes em redes on-line.

Cabe perguntar então:

a. Como são formadas as redes on-line e de que forma se mantêm?
b. Podemos falar de cultura participativa entre os usuários em ambiente digital?
c. As redes on-line são colaborativas para a pesquisa e para o ensino?
d. Que tipo de informação linguística se pode captar?

Por meio de entrevistas, Mollica (2012) buscou registrar as interações de interesse comum entre alunos universitários da UFRJ de vários campos do saber, na maioria, egressos de outras regiões do país com vivências, inquietações e impressões sobre o dialeto carioca e sobre o ambiente do Rio de Janeiro. As entrevistas foram feitas por *messengers*, Gtalk, MSN, e-mails, torpedos, enviados por meio de aplicativos móveis, seguindo o princípio de *quem indica quem* entre os entrevistados, de modo a atestar o famoso ditado popular *diga-me com quem andas que eu te direi quem és*. Note-se que tal metodologia deixa em aberto as escolhas dos aprendizes e o tipo de enredamento das redes pouco coeso, do tipo uniplex, como se ilustra na figura a seguir.

FIGURA 2
Exemplo de rede on-line

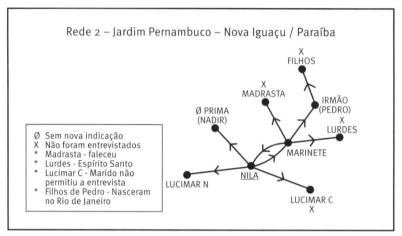

Na Figura 2, observamos apenas dois nós que se interligam com os demais da rede (Nila e Marinete). Os outros localizados nas pontas não compartilham entre si. Na legenda, constata-se ora a impossibilidade intercâmbio com outros membros da rede, ora a dificuldade de entrevistar os membros por diversos motivos. Esse é apenas um dos exemplos dos muitos que obstaculizam trabalhos e experimentos usando tecnologia, em educação, voltados para a linguagem, possivelmente também para outras áreas. Dessa feita, as respostas às perguntas lançadas em (b) e em (c) não são totalmente positivas e nos conduzem a repensar a metodologia utilizada para compor redes via web com número pequeno de entrevistados. Além disso, o método se mostra limitado para o ensino e pesquisa em sala de aula que pretenda uma abrangência quanto a resultados universais. É de se notar que a captação de dados por meios tecnológicos, apesar das diversas barreiras impostas, é muito eficaz, posto que todas as rotas de buscas de informações são sempre ricas para a construção do conhecimento e devem consistir em estratégias difundidas e aplicadas por todos os níveis de ensino.

Na pesquisa em tese, as entrevistas foram transcritas ortograficamente e o conjunto de turnos dos interagentes constitui acervo fértil para estudos linguísticos, levando-se em conta algumas limitações relativas ao que se quer analisar linguisticamente. Na web, só temos registros escritos cujo suporte é a tela, de forma que não se tem paridade com *corpora* de fala submetidos ou não à transcrição em diferentes níveis da gramática. Ainda assim, apresentam-se relevantes à identificação de crenças e atitudes como temas de investigação e podem aplicar-se pedagogicamente com o fito de se conhecer o perfil sociolinguístico dos alunos tanto quanto suas dificuldades, nível de consciência e sensibilidade linguística.

1. "**E:** tem alguma pessoa próxima a vc que tenha um sotaque parecido com o seu?
M: kramba nunca parei para pensar nisso
K: nao, meu sotaque tá a mes ma coisa mas algumas gírias eu já peguei sim
N: mesmo?
K: cagando pra mim, zoa, ih a lá."

2. "**F:** Nasci em Maceió - AL. Cheguei no Rio a quase dois anos [...]. Saí por transferencia do meu pai no trabalho. Me adaptei bem ao Rio.
E: Demorou um pouco **0** me adaptar. O que mais era difícil eram **os relacionamentopraeu**. A vida aqui é muito corrida, ninguém tem muito tempo.

E: Como o ser humano não vive só, foi bem difícil encontrar companhias no meio de tanta pressa! No início as pessoas **zuavam** bastante a forma **cmo** eu falava, **hj** diminuiu mais."
(extraído da amostra de Mollica, 2012)

Nas interações (1) e (2), evidenciam-se poucas expressões regionais, alguns erros de ortografia, desvios da norma prestigiada, abreviações, questões de concordância e regência nominal e verbal. Alguns trechos denunciam preconceitos por parte dos falantes relativos a formas da linguagem, do dialeto – se bem que as passagens que aludem a questões de ordem cultural se sobressaem sobre os aspectos sociolinguísticos. Aí está também uma forma de trabalhar a violência, a dificuldade de aceitação das diferenças, no caso de diferenças linguísticas que, indiretamente, podem revelar diferenças sociais.

A Linguística que se vale de dados on-line é profícua, relevante e vem oferecendo importantes subsídios teóricos. Na educação, deve ser incluída na pauta com objetivos que se orientem para a capacitação docente e para a práxis no chão da escola. Na amostra de Mollica (2012), há trechos que denunciam pouco domínio da escrita, mesmo entre universitários, revelando-se um manancial rico de pesquisa e reflexão sobre o nível do letramento formal dos brasileiros.

3. **E:** Como é?
    J:meus orientador estudou aqui, andei por outros lugares, e comparando com o rio, preferi o rio. Além isso ganhei bolsa srsrs... então**vc** pode se inclui**0** na razão q me fez vi**0p** o rio.
    (extraído de Mollica, 2012)

Na interação em (3), o falante tem pouco domínio da escrita padrão, pois as marcas de oralidade estão bem presentes. Uma hipótese que fica em aberto é se os diferentes suportes, sites e gêneros digitais influenciam o grau de monitoramento dos entrevistados. Os estudos atuais atestam diferenças em razão do grau de formalidade exigido pela plataforma e em função da "agilidade" das redes utilizadas.

Os dados revelam, então, variação estilística nos utentes conectados em contato. Revelam igualmente preconceitos alguns relativos a hábitos das regiões e à forma de falar. Os usuários nas redes confirmam ter visões estereotipadas dos falares regionais ao qualificar positiva ou negativamente os usos dialetais.

4. **E:** Quanto ao sotaque, nesse meio tempo vc acha que sua fala já tem sido influenciada pela dos cariocas? Se sim, o que vc acha que mudou? E quanto às gírias? Vc já usa algumas gírias cariocas?
F: Acho que perdi um pouco do meu sotaque sim. Mas na vdd eu só sei disso qnd volto pra Maceió, pq por aqui é nítido que sou nordestina. haha Acho que está menos "cantado", somente. Porque as vogais abertas e todas as "girias" e trejeitos nordestinos permanecem. As vezes me pego falando uma ou outra giria carioca, mas é muito pouco.
(amostra, Mollica, 2012)

Há que se constatar que todas as camadas da sociedade possuem celulares, mesmo sem acesso a computadores convencionais, de modo que não se pode mais pensar em estratos sociais excluídos da internet. Buscas na web são meios que se podem revelar eficientes na escola, com muita cautela, no entanto. Em Mollica et al. (2017), defende-se que uma pedagogia na escola que estimula pesquisa nas mídias digitais é bem-vinda, desde que haja monitoramento por parte dos educadores. Não se pode escapar dos recursos do mundo atual que se somam aos livros e aos demais meios de acesso à informação e ao conhecimento.

CYBER-REDE SOCIAL, IDENTIDADE DE GRUPO E TECNOLOGIA EDUCACIONAL

Como demonstrado até aqui, o desafio na construção de redes on-line que permitam um exame rigoroso de padrões linguísticos em um espectro amplo de indicadores sociais é notadamente instigante, atual e urgente. O agrupamento dos usuários por traços identitários permite que os aspectos sociolinguísticos possam ser pinçados com nitidez em detrimento de hábitos culturais, que normalmente se destacam em comparação a identidades pouco numerosas de grupos de falantes em redes.

A formação de *cyber-rede social*[1] a partir de traços identitários nos parece profícua na sala de aula. Em Batista (2018), foi aplicada a tecnologia educacional para o agrupamento de sujeitos com perfis sociais semelhantes. A tecnologia oportunizou o registro de um conjunto considerável de fatores sociais dos usuários. Tais fatores foram definidos e incorporados à plataforma a partir de um diagnóstico de censos do IBGE e de outros indicadores sociais controlados por sites de monitoramento oficiais como o do Enem, questionários socioeconômicos, entre outros. A geração de uma matriz identitária[2] viabilizou filtrar perfis dos usuários e, com recurso digital, agrupá-los de forma dinâmica.

Note que o mapeamento do perfil social do sujeito é feito com base em sua participação em diferentes esferas da sociedade civil. Olhamos para o sujeito de forma detalhada em células sociais comuns a qualquer indivíduo, tais como domicílio, educação, profissão, biotipo, alimentação, sexo, gênero, renda, entre vários outros. A filtragem do perfil social dos sujeitos, armazenada eletronicamente, viabiliza o rastreamento de indivíduos que guardam traços comuns. Batista (2018) utilizou recurso digital para monitorar como estudantes da educação básica imprimem na linguagem (em suas produções textuais) traços de sua identidade. Foi possível diagnosticar que padrões linguísticos são regulares em determinadas identidades de grupo.

De acordo com essa perspectiva, contrariamos o conceito determinista sobre o papel da tecnologia na escola. Segundo Feemberg (2009: 46), "os deterministas acreditam que a tecnologia não é controlada humanamente, mas que, pelo contrário, controla e molda a sociedade". O autor propõe a "teoria crítica" que apregoa que os agentes sociais devem fazer uso da tecnologia em benefício de suas necessidades sociais. Nessa acepção, a tecnologia não pode ser vista como determinante social, nas palavras de Feenberg (2009: 106), "tanto seu desenvolvimento, quanto seu impacto são intrinsecamente sociais".

CYBER-REDE SOCIAL NO NÍVEL UNIVERSITÁRIO

Replicamos o estudo de Batista (2018) numa turma de Introdução à Linguística da UFRJ, portanto para o contexto acadêmico de nível superior de ensino. Solicitamos que os estudantes se cadastrassem na plataforma e realizassem uma tarefa de produção textual, seguindo-se outras tarefas. Segue a proposta de escrita feita aos estudantes a partir de três textos motivadores sobre inclusão no processo educacional:

TEMÁTICA: INCLUSÃO ESCOLAR

TEXTO I

Todas as formas até então vigentes de inserção escolar partiam do pressuposto de que devem existir dois sistemas de educação: o regular e o especial. Os alunos com deficiência poderiam estudar em escolas regulares se fossem capazes de acompanhar seus colegas não deficientes. Isto foi reforçado pelo Decreto n. 3.298, de 1999, quando determina "a matrícula compulsória em cursos regulares de estabelecimentos públicos e particulares de pessoas portadoras de deficiência capazes de se integrar na rede regular de ensino" (art. 24, inciso I). E também pela Resolução n. 2, do Conselho Nacional de Educação, Câmara de Educação Básica (2001). Todo este viés conceitual tem origem no **modelo médico da deficiência**, segundo o qual o problema está na pessoa com deficiência e, por esta razão, ela precisa ser "corrigida" (melhorada, curada etc.) a fim de poder fazer parte da sociedade. Ativistas do movimento liderado por pessoas com deficiência sempre combateram esta forma de atender às necessidades educacionais, por exemplo, de crianças com deficiência. Entendiam eles que não era justa essa exigência da sociedade no sentido de que as crianças provassem estarem aptas para ingressar no sistema educacional comum. Entendiam eles, e assim o entendem até hoje, que cabe à sociedade, portanto às escolas comuns, modificar seu paradigma educacional e, consequentemente, suas estruturas físicas, programáticas e filosóficas, a fim de que as escolas possam tornar-se mais adequadas às necessidades de todos os seus alunos. Esta inusitada perspectiva pela qual é vista a questão das pessoas com deficiência deu origem ao conceito conhecido como o **modelo social da deficiência.** (Publicado na revista *Inclusão*, da SEESP/MEC, ano I, n. 1, out. 2005, pp.19-23)

TEXTO II
MINHA VIDA ESCOLAR

Débora Araújo Seabra de Moura
Professora
Associação Síndrome de Down do Rio Grande do Norte

NA INFÂNCIA (IAA E CASA ESCOLA)

Sempre estudei em escola regular. Quando fui para a primeira escola eu tinha somente 2 anos e meio e não me lembro de nada. Passei somente seis meses porque nasceu uma escola que meus pais se encantaram: a Casa Escola! Eu, Marcelo e Olívia, que também têm Síndrome de Down, estudamos na Casa Escola por muitos anos. Aprendemos muitas coisas e fizemos amizades. Estudar na Casa Escola foi ótimo. Foi bom ter amigos como os colegas de lá, porque entenderam a inclusão na escola e na vida. Porque as professoras sabiam isso, porque não eram preconceituosas. E ensinaram às crianças. E eles aceitaram nós três para fazermos o jardim e alfabetização e até a quarta série. Foi muito bom para eu aprender mais coisas com os colegas e com as professoras. A gente discutia tudo. Até a Síndrome de Down. Algumas professoras são muito queridas e continuam sendo até hoje. E alguns colegas também. São meus amigos de infância.

Foi importante conhecer essas pessoas. Até hoje, às vezes, nos encontramos para sair para vários cantos.

NA ADOLESCÊNCIA
(CIC E ESCOLA DOMÉSTICA)

Quando nós saímos da Casa Escola, a nossa Associação Síndrome de Down fez um trabalho de conscientização no Colégio Imaculada Conceição – CIC, que é um colégio de freiras, onde já estudavam pessoas com outras deficiências e foi muito, muito legal. Nós, da Casa Escola fizemos palestras para os meninos que iam ser nossos colegas. Cláudia Werneck lançou livros lá: "Meu Amigo Down Em Casa, na Rua e na Escola" Nossos professores da Casa Escola fizeram palestras para os professores do CIC e no outro ano fomos para lá, pois queríamos ir para a 5ª série. Mas primeiro repetimos a 4ª série. Era uma escola muito maior. Nós ficamos cinco anos, até a 8ª série e fizemos muitas amizades. Eu até tinha os dois paqueras, gatinhos da escola. Meus 15 anos foi nesse tempo e me lembro muito. Não me esqueço mais. Nós fizemos inclusão. Muita coisa aconteceu. (*Ensaios pedagógicos - construindo escolas inclusivas.* Brasília: MEC, SEESP, 2005, pp. 44-45)

TEXTO III

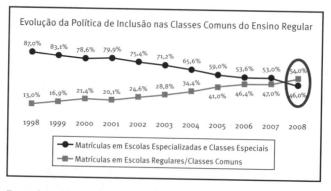

Fonte: http://portal.MEC.gov.br/component/tags/tag/31872. Acesso em: 15 out. 2017.

Seguem-se as instruções:
Considerando as informações contidas nos textos suporte, escreva UM PARÁGRAFO, dando sua opinião sobre o desafio do educador atual, para ser publicado como um comentário no portal do MEC sobre as políticas de inclusão na educação básica regular.

O objetivo dessa atividade, para além de um exercício de produção textual, foi instigar os alunos a serem observadores de suas próprias produções, de modo que pudessem, com a utilização de recurso computacional (no caso, o AntConc),[3] explorar o conjunto de dados (textos) em busca de padrões linguísticos reveladores de determinadas marcas identitárias de grupos de indivíduos com perfis semelhantes.

A partir do exame do conjunto de produções, os graduandos foram levados a pensar sobre: (1) a diferença de frequência de palavras; (2) as construções em que as palavras mais frequentes aparecem; (3) a rede semântica das palavras que acompanham os itens mais frequentes e sua relação com o tema principal das produções; (4) o emprego de modalizadores como marca avaliativa do produtor do texto; (5) o emprego de preposições como marcas de persuasão; (6) as diferenças de padrões linguísticos a depender do sexo do informante.

Algumas respostas dos estudantes e a atuação docente no processo de revisão aqui elencadas demonstram o potencial da aplicação de tecnologias na leitura e na exploração de *cybercorpus*, bem como na compilação e armazenamento de dados a serem 'manipulados' com base em identidade de grupo ou em cyber-rede social. Dentre as respostas, registramos:

Informantes: A.C.B / T. C. S.

1. Quais as 10 palavras mais frequentes?
   De, E, A, Que, O, Para, É, Com, Não, Se.

   Docente: OK. Nesse tipo de análise, vocês podem também dar um printscreen na tela.

2. Elas são funcionais ou palavras de conteúdo? *Funcionais.*

3. Em que construções essa palavra mais frequente MAIS aparece (nominais, verbais ou conjunções)? *Nominais.*

   Docente: repostas a exercícios no nível de escolaridade de vocês não deveriam ser tão breves. Elas precisam ser autossuficientes.

4. Os termos que antecedem imediatamente A PALAVRA MAIS FREQUENTE são, na sua maioria, da rede semântica de INCLUSÃO e EDUCAÇÃO? Que relação você estabelece entre o item mais frequente e o tema do texto?

   Inclusão. A relação entre o item mais frequente e o tema é inexistente, visto que o item é uma preposição que serve para ligar palavras entre si.

   Docente: Mas se ela liga palavras, em alta e maior frequência, da rede semântica de inclusão, a relação com o tema não pode ser inexistente. Se assim fosse, a reposta à primeira pergunta seria um equívoco.

5. Qual o verbo modalizador (dever, poder, etc.) MAIS FREQUENTE no conjunto de textos? A alta frequência desse modalizador aponta que a inclusão escolar está bem consolidada ou ainda há muito o que fazer? Justifique.

Não. O verbo modalizador "deve" aponta que a inclusão de sujeitos atípicos está longe de ser algo real nas escolas atuais. Muitos dos textos trouxeram a ideia de como deve ser a inclusão e o que devemos fazer para colocá-la em prática. Sendo assim podemos concluir que ela não está consolidada nos dias atuais e que ainda temos um longo caminho a percorrer.

Docente: Muito bom, porém é importante acentuar que essa conclusão é decorrente da frequência com que o modalizador ocorreu. Se a frequência fosse baixa, a conclusão não poderia ser essa.

6. Que relação você estabelece entre o emprego do modalizador e a preposição 'para', utilizada com alta frequência no conjunto de textos?

   Com o uso do modalizador indicando um posicionamento do autor, a relação entre ele e a preposição pode ser de finalidade ou causa.

   Docente: Sim, as construções com para fortalecem, do ponto de vista argumentativo, as sugestões apontadas com o modalizador 'deve'.

7. Clique na aba *clusters/N-Grams*. Digite no campo *searchterm* a partícula 'se'. Clique em *start*. Qual a classe de palavra mais ocorreu à direita desse item? Considerando seu conhecimento sobre a variedade do português brasileiro, que hipótese pode ser estabelecida sobre o dialeto carioca,

dado que os autores declaram ter nascido e morado no Rio de Janeiro?

A direita da partícula SE há uma grande ocorrência de verbos. Podemos afirmar baseado nisso que no dialeto carioca há maior incidência de próclise. Enquanto a incidência de mesóclise e ênclise é quase nula. A hipótese que podemos criar é a de que no dialeto carioca é comum e considerado norma culta o uso de próclise. Mais que isso, aponta também que os cariocas utilizam verbos pronominais com muita frequência.

Docente: Mais que isso, aponta também que os cariocas utilizam verbos pronominais com muita frequência. No dialeto mineiro, o resultado teria sido ESCANDALOSAMENTE inferior.

8. Dada a semelhança entre o emprego do verbo 'ser' na terceira pessoa do presente e o modalizador 'deve', qual a forma mais recorrente na fala dos autores do sexo masculino?

A forma mais recorrente é o verbo 'ser' na terceira pessoa do presente, aparecendo 6 vezes na fala dos autores do sexo masculino.

Docente: Muito bom!!!!

9. Feche o arquivo do sexo masculino e abra o arquivo dos textos dos autores do sexo feminino. Houve diferença significativa quanto ao emprego do *se* pronominal ou o fenômeno se mostra espraiado de forma mais geral? O modalizador verbal ocorreu

com diferença na fala dos informantes do sexo feminino? Apresente uma explicação para essa diferença.

Não houve diferença significativa no uso do 'se', ele continua ocorrendo, em maioria, em Próclise e, novamente, 1 vez em Ênclise. O modalizador não aparece nas falas do sexo masculino, enquanto que nas do sexo feminino aparece 10 vezes. Os modalizadores são usados para o autor manifestar determinada atitude ou posição com o conteúdo, as mulheres empregaram mais vezes que os homens porque elas costumam mostrar mais seu ponto de vista e engajamento em suas falas e, talvez, por termos menos dados recolhidos do sexo masculino.

Docente: Certamente, um conjunto maior de dados poderia revelar uma conclusão diferente, haja vista que os dados não estão balanceados quanto ao número de informantes e tamanho dos textos. De todo modo, percebe-se, como vocês pontuaram, que há uma força expressiva diferente. Porém, eu vejo um pouco diferente. Para mim, as construções utilizadas pelo sexo masculino é que mostra uma força expressiva mais impositiva. As mulheres parecem sugerir mais e os homens parecem ser mais assertivos em suas declarações. O que acham? Está aí uma excelente proposta de pesquisa. Pensem nisso para um artigo.

As produções a seguir são um recorte dos parágrafos produzidos pelos estudantes, um do sexo masculino e outro do sexo feminino, a título de exemplo dos dados que eles exploraram com as ferramentas computacionais:

Sexo masculino

O ambiente de ensino para cumprir sua função com eficiência precisa ser também ambiente de acolhimento e bem-estar, favorecendo o desenvolvimento da aprendizagem que vai muito além dos conteúdos curriculares. Quando o assunto é inclusão de portadores de limitações para o aprendizado, é preciso que se tome cuidado para que essa inclusão não se resuma à simples colocação do estudante em escola regular, por força de lei, e que não se tire foco de toda a amplitude com vistas ao melhor a cada indivíduo, com suas necessidades específicas, sem abominar escolas voltadas ao ensino especial, para que o ambiente escolar seja para sempre uma bela etapa de crescimento pessoal em cada vida.

Sexo feminino

Inclusão é algo extremamente importante e se um sujeito atípico for avaliado e puder de forma justa e com ferramentas concernentes à ele especificas se inserir em determinado momento em uma classe regular, isso deve ser levado em conta estruturado da melhor maneira. Porém, se a forma mais justa de inserção educacional for em uma escola especial, para um melhor aproveitamento e desenvolvimento deste sujeito, isso também deve ser estruturado e implementado de forma não burocratizada, com bons profissionais e opções. Se a sociedade espera uma adaptabilidade compulsória e "rápida" dos sujeitos atípicos no dia a dia, esse pensamento deve mudar. A adaptabilidade deve vir de toda a sociedade e não somente deles, oferecendo recursos aos sujeitos atípicos e sujeitos com deficiência, para um uso justo de um direito de todos, e um dos mais importantes, que é o direito a educação a ao desenvolvimento.

O trabalho no âmbito sociolinguístico, seja na sala de aula, seja na formação de cyber-redes sociais para a análise de identidades de grupos, potencializa-se com o aparato de plataformas digitais. Os graduandos tiveram a oportunidade de percorrer um estudo desde a fase de coleta, passando pela análise dos dados, incluindo aí a possibilidade de organizar as produções por identidade de grupo, no caso, pelo fator social *sexo*. A vantagem, nesse sentido, é que, virtualmente, os indivíduos podem ser agrupados considerando-se quaisquer traços identitários de forma incomparável a tarefas manuais. Tendo em vista uma escola recheada de problemas e desafios como a nossa, de diferenças de identidade entre os alunos que não sabem lidar democraticamente com a diversidade e acabando em conflitos, destacamos a urgência de uma reflexão sobre os aparatos tecnológicos na leitura, na aprendizagem e no entendimento dos diversos problemas.

A IMPORTÂNCIA DA TECNOLOGIA E INOVAÇÃO NA ESCOLA ATUAL

A atuação em atividades tecnológicas revela que os estudantes possuem conhecimento amplo de tecnologias digitais e não apresentam barreiras na exploração de seus recursos. No entanto, as lacunas no processamento escrito das produções textuais são um pisca alerta constante, já conhecido, denunciado pelos mais de 300 mil zeros na redação do Enem em 2017, com um aumento impressionante em 2018.

Licenciandos de Letras, em etapa avançada do curso, confirmam nas redações o maior obstáculo da educação atual, de futuro nada promissor, de docentes que não dominam a escrita padrão e que terão que ensiná-la e exigir dos seus alunos textos impecáveis. É um nó cego, um paradoxo, um conflito sério que não se resolve.

Os sujeitos em ambientes virtuais (Mollica et al., 2015) se organizam em redes assim como em ambientes off-line, seja em sites seja por meio de contatos propositais quando são solicitados a participar de correntes, entrevistas, abaixo assinados e assemelhados. Essa é uma interessante maneira de organização dos nossos alunos que passam então a se incluir no mundo tecnológico de fora da escola. É claro que os usuários de cyber-redes têm que apresentar domínio das operações mecânicas exigidas pelas máquinas e destreza em diferentes plataformas – estas com inúmeras funções, praticidades e facilidades no mundo contemporâneo.

Quão mais interessante e inclusiva se tornaria a escola contemporânea?

É verdade que o ensino à distância reproduz a interação sala de aula no mundo da web, estreitando a relação entre mestres e discípulos, alunos atípicos com dificuldades de comunicação e aprendizagem, como os disléxicos e os autistas. O aperfeiçoamento tecnológico e o desenvolvimento de inovação em Tecnologias da informação (TICs) não param.

As vantagens de se implantar novo dispositivo no mercado, que nos dê a conhecer os indivíduos que estão por detrás das máquinas, permitem-nos identificar plenamente os protagonistas que se encontram no curso do processo de pesquisa e de formação docente em linguagem. Torna-se possível também proceder-se a levantamentos automáticos de construções linguísticas responsáveis por imprimir graus de finitude dos referentes, por exemplo, de modo a estimar níveis de superficialidade de tratamento temático de um texto. As relações entre usos e variáveis identitárias dos escreventes transformam-se em gráficos compostos de redes associativas de palavras, assim como a continuidade e descontinuidade referencial empregada nos textos (ver Batista, 2018).

Nunca é demais oferecer diagnose precisa das dificuldades de leitura, interpretação e escrita, quando a saúde da educação agoniza, amarga as piores estatísticas. A prioridade é a de apontar os obstáculos que impedem os aprendizes de atingir letramento pleno para subsidiar sucesso no processo da leitura, compreensão e produção textual e para apontar as soluções pedagógicas de que a escola brasileira precisa.

Notas

[1] Nesta seção, a definição de cyber-rede social perpassa pela definição de rede social, que é uma estrutura social composta por pessoas ou organizações, conectadas por um ou vários tipos de relações, que compartilham valores e objetivos comuns. Uma das fundamentais características na definição das redes é a sua abertura, possibilitando relacionamentos horizontais e não hierárquicos entre os participantes. "Redes não são, portanto, apenas outra forma de estrutura, mas quase uma não estrutura, no sentido de que parte de sua força está na habilidade de se fazer e desfazer rapidamente ver: <https://pt.wikipedia.org/wiki/Rede_social>, acesso em 20 mar. 2020. Nesta obra, definimos cyber-rede social como uma rede social construída por meio virtual para um determinado fim de pesquisa com finalidade puramente teórica e ou prática.

[2] Ver a matriz completa em Batista (2018).

[3] O AntConc é uma ferramenta de leitura inteligente de *big data*. Para maiores detalhes sobre esse recurso, ver <http://www.laurenceanthony.net/software.html>, acesso em 29 jun. 2018.

Bibliografia

AMEKA, Felix. Interjections: the universal yet neglected part of speech. In: *Journal of Pragmatics*, 1992, v. 18, n. 2, pp. 101-118.

BARBOSA, Maria de Fátima. *(Im)polidez em* EAD. Rio de Janeiro, 2010. Tese (Doutorado) – Universidade Federal do Rio de Janeiro, UFRJ.

BARTON, D.; HAMILTON, M. *Local Literacies*: Reading and Writing in One Community. London: Routledge, 1998.

BATISTA, H. R. *Uai: estudo de uma interjeição do português brasileiro*. Belo Horizonte, 2013. Dissertação (Mestrado) – Universidade Federal de Minas Gerais, UFMG, 2013.

_____. Perfil na era digital e práticas de ensinagem. In: MOLLICA, Maria Cecilia; BATISTA, Hadinei Ribeiro; GUIMARÃES, Ludmila (Orgs). *Cybercorporaeinovação com práticas de ensinagem*. Curitiba: Editora CRV, 2015, pp. 11-25.

_____. Language and social behavior: a new look at (in)discipline at schools. International journal of advancement in education and social sciences, v. 1, pp. 1-8, 2017. Disponível em: <http://www.ijsshr.in/index.php/ijsshr/article/view/1/1>. Acesso em: 04 fev. 2020.

_____. *Linguagem, cognição*: um experimento com *cybercorpora*. Rio de Janeiro, 2018. Tese (Doutorado) – Universidade Federal do Rio de Janeiro, UFRJ, 2018.

BERGALLO, Laura. *O Filho do Reno*. Ilustrações Martha Werneck. Rio de Janeiro: Escrita Fina, 2013.

BORTONI-RICARDO, Stella Maris. The Urbanization of Rural Dialect Speakers: a Sociolinguistic Study in Brazil. Cambridge: Cambridge University Press, 1985.

_____. Projeto Leitura. CNPq, 2008. Mimeo.

_____. *Do campo para a cidade um estudo de migração e redes sociais*. São Paulo: Parábola 2010 [1985].

BRANDIMONTE, M. et al. Cognition. In: PAWLIK, P.; D'YDEWALLE, G. (Eds.). *Psychological Concepts*: An International Historical Perspective. Hove, UK: Psychology Press, 2006.

BRASIL. Sistema de Avaliação da Educação Básica - Avaliação Nacional Da Alfabetização. Edição 2016. Disponível em: <http://portal.mec.gov.br/docman/outubro-2017-pdf/75181-resultados-ana-2016-pdf/file>. Acesso em: 04 fev. 2020.

_____. Instituto Nacional de Estudos e Pesquisas Educacionais Anísio Teixeira – PISA. 2019. Disponível em: <http://download.inep.gov.br/acoes_internacionais/pisa/documentos/2019/relatorio_PISA_2018_preliminar.pdf>. Acesso em: 04 fev. 2020.

_____. Ministério da Educação. Base Nacional Comum Curricular (BNCC). 2018. Disponível em: <http://basenacionalcomum.mec.gov.br/wp-content/uploads/2018/02/bncc-20dez-site.pdf>. Acesso em: 04 fev. 2020.

_____. Decreto 9765. 11 de abril de 2019. Disponível em: <http://www.planalto.gov.br/ccivil_03/_Ato2019-2022/2019/Decreto/D9765.htm>. Acesso em: 02 fev. 2020.

BROWN, D. G. Drowsiness in the Countertransference. *International Review of Psycho-Analysis*, v. 4, pp. 481-492, 1977.

CAMPIONE, J. C., BROWN, A. L.; CONNELL, M. L. Metacognition: On the Importance of Understanding What You Are Doing. In: CHARLES, R. I.; SILVER, E. A. (Eds.). *The Teaching and Assessing of Mathematical Problem Solving*. Reston, VA: Lawrence Erlbaum Associates, 1989, pp. 93-114.

CÂNDIDO, Antônio. *Vários escritos*. Rio de Janeiro: Ouro Sobre Azul, 2011.

CARTON, Aaron S.; CASTIGLIONE, Lawrence V. Psycholinguistics and Education: Directions and Divergences. Journal of Psycholinguists Research, 1976. Disponível em: <https://link.springer.com/article/10.1007/BF01067375>. Acesso em: 04 fev. 2020.

CASTILHO, Ataliba. *A língua falada no ensino do português*. São Paulo: Contexto, 1998.

CHOMSKY, N. *Syntactic structures*. Mouton: The Hague, 1957.

COLOMER, Teresa. *Andar entre livros*: a leitura literária na escola. São Paulo: Global, 2007.

_____. *Nos caminhos da literatura*. Fundação nacional do livro infantil e juvenil. São Paulo, 2008.

COOK, Vivian; BASSETTI. Benedetta. An Introduction to Researching Second Language Writing Systems. In: COOK, Vivian; BASSETTI, Benedetta (Eds). *Second Language Writing Systems*. Clevedon/Buffalo/ Toronto: Multilingual Matters Ltd., 2005, pp. 1-67.

COULMAS, Florian. *The Blackwell Encyclopedia of Writing Systems*. Oxford: Blackwell, 1999.

DEHAENE, Stanislas. *Reading in The Brain*. New York: Penguin Books, 2009.

_____. *Reading in The Brain*. London: Penguin, 2013.

ECKERT, Penelope; RICKFORD, John (Orgs.). *Style and Sociolinguistic Variation*. Cambridge: Cambridge University Press, 2001.

FAUCONNIER, G. *Mappings in Thought and Language*. Cambridge: Cambridge University Press, 1997.

FEENBERG, Andrew. *Racionalização democrática, poder e tecnologia*. Brasília: Observatório do Movimento pela Tecnologia Social na América Latina/Centro de Desenvolvimento Sustentável - CDS. Ciclo de Conferências Andrew Feenberg. Neder, Ricardo T. (org.), 2009.

FLAVELL, J. H. "Metacognitive Aspects of Problem Solving". In: RESNICK, L. B. *The Nature of Intelligence*. Hillsdale, NJ: Erlbaum, 1976, pp. 231-23.

_____. ; FRIDERICHS, A. G.; HYOT, J. D. Developmental Changes in Memorization Processes. *Cognitive Psychology*, v. 1, n. 4, pp. 324-340, 1970.

FRAIMAN, Leo. *A syndrome de imperador*. São Paulo: Autêntica, 2019.

FRANK, Russell. You Had To Be There (And They Weren't): The Problem With Reporter Reconstructions. *Journal of Mass Media Ethics*, v. 14, n. 3, pp. 146-158, 1999.

FREITAS, Gabriela Castro Menezes de. Sobre a aquisição das plosivas e nasais. In: LAMPRECHT, Regina Ritter (Org.). *Aquisição fonológica do português*. Porto Alegre: Artmed, 2004, pp. 73-81.

FRITH, Utah. Beneath The Surface of Developmental Dyslexia. In: PATTERSON, K; MARSHALL, J.; COLTHEART, M. (Eds.). *Surface Dyslexia, Neuropsychological and Cognitive Studies of Phonological Reading*. London: Erlbau, 1985, pp. 301-330.

GEHWEILER, E. From Proper Name To Primary Interjection: The Case of Gee! *Journal of Historical Pragmatics*, v. 9, n. 1, pp. 71-93, 2008.

GILES, H. Accomodation Theory: Some New Directions. *York Papers in Linguistics*, v. 9, pp. 105-136, 1980.

_____; TAYLOR, D.; BOURHIS, R. Towards a Theory of Interpersonal Accommodation Through Speech: Some Canadian Data. *Language in Society*, 2, pp. 177-192, 1980.

GOLDBERG, A. E. *Constructions*: a Construction Grammar Approach To Argument Structure. Chicago: The University of Chicago Press, 1995.

GONÇALVES, Miguel. *A interjeição em português*: contributo para uma abordagem em semântica discursiva. Coimbra: FCG/FCT, 2002.

HALLIDAY, M. A. K. *An Introduction To Functional Grammar*. London: Edward Arnold, 1994.

HONDA, Maya; O'NEIL, Wayne. On Thinking Linguistically. *Revista Linguística/Revista do Programa de Pós-Graduação em Linguística da Universidade Federal do Rio de Janeiro*, v. 13, n. 1, jan. de 2017, pp. 52-65. Disponível em: <https://revistas.ufrj.br/index.php/rl>. Acesso em: 20 mar. 2020.

HOPPER, P.; THOMPSON, S. A. Transitivity in Grammar and Discourse. *Language*, v. 56, n. 2, 1980.

KLEIMAN, Angela (Org.). *Os significados do letramento*: uma nova perspectiva sobre a prática social da escrita. São Paulo: Mercado de Letras, 1995.

_____; MORAES, S. *Leitura e interdisciplinaridade*: tecendo redes nos projetos da escola. Campinas: Mercado de Letras, 1999.

KRIEKEN, SANDERS; HOEKEN. Blended Viewpoints, Mediated Witnesses: A Cognitive Linguistic Approach To News Narratives. In: DANCYGIER, Barbara; LU, Wei-lun; VERHAGEN, Arie (Eds.). *Viewpoint and the Fabric of Meaning*. Berlin/Boston: Walter de Gruyter GmbH, 2016.

LABOV, William. *Sociolinguistic Patterns*. Philadelphia: University of Pennsylvania Press. 1972.

LAKOFF, G; JOHNSON, M. *Metaphors We Live By*. Chicago: Chicago University Press, 1980.

LAMPRECHT, Regina Ritter; COSTA, Adriana Corrêa. Apresentação à edição brasileira. In: ADAMS, Marilyn Jager et. al. *Consciência fonológica em crianças pequenas*. Trad. Roberto Cataldo Costa. Adaptação, supervisão e revisão técnica Regina Ritter Lamprecht e Adriana Corrêa Costa. Porto Alegre: Artmed, 2006.

LINDQUIST, K. et al. Language and the perception of emotion. *American Psychological Association*, v. 6, n. 1, 2006, pp. 125-138.

LURIA, A. R. *Cognitive Development*: Its Cultural and Social Foudations. Cambrigde: Harvard University Press, 1976.

MAIA, Marcus. *Psicolinguística e educação*. Campinas: Mercado de Letras, 2018.

MARTELLOTA, M. E.; AREAS, E. K. A visão funcionalista da linguagem no século XX. In: CUNHA, M. A. F.; OLIVEIRA, M. R.; MARTELOTTA, M. E. (Orgs.). *Linguística funcional*: teoria e prática. Rio de Janeiro: DP&A, 2003.

MILROY, Lesley. *Language and Social Networks*. Oxford: Basil Blackwell, 1980.

MILROY, J.; MILROY, L. Linguistic Change, Social Network and Speaker Innovation. *Journal of Linguistics* 21, pp. 339-84, 1985.

MOLLICA, Maria Cecilia. Princípios de standartização e vernacularização. Comunicação ao 50° Seminário do Grupo de Estudos Linguísticos do Estado de São Paulo – GEL. São Paulo, maio, 2002, mimeo.

_____. *Fala, letramento e inclusão social*. São Paulo: Contexto, 2007.

_____. Relatório de estágio pós-doutoral. Brasília: UnB, 2012, mimeo.

_____; BRAGA, Maria Luiza (Orgs.). Introdução à sociolinguística variacionista. São Paulo: Contexto, 2003.
_____; PATUSCO, Cynthia; BATISTA, Hadinei Ribeiro (Orgs.). *Sujeitos em ambientes virtuais*. São Paulo: Parábola, 2015.
_____. et al. Lendo pelo olho mágico. *Pensares em Revista*, São Gonçalo-RJ, n. 11, pp. 4-30, 2017.
MORAIS, José. *A arte de ler*. Trad. Álvaro Lorencini. São Paulo: Editora Unesp, 1994.
_____. *Alfabetizar em democracia*. Lisboa: Fundação Francisco Manuel dos Santos, 2013.
_____; KOLINSKY, Régine. Psicolinguística e leitura. In: MAIA, Marcus (Org.) *Psicolinguística, psicolinguísticas*: uma introdução. São Paulo: Contexto, 2015, pp. 129-142.
_____. et al. Literacy Training and Speech Segmentation. *Cognition*, 24 (1-2), pp. 45-64, 1986.
ONG, Walter. *Oralidade e escrita*. São Paulo: Papirus, 1988.
PARRAT-DAYAN, Silvia. *Como enfrentar a indisciplina na escola*. São Paulo: Contexto, 2015.
PILATI, Eloisa. Teorias linguísticas e educação básica: proposta congregadora. In: BOECHAT, Alessandro; NEVINS, Andrew. (Orgs.). *O apelo das árvores*. Campinas: Pontes, 2018, v. 3, pp. 347-376.
PINEL, John P. J. *Biopsicologia*. Trad. Ronaldo Cataldo Costa. Porto Alegre: Artmed, 2005.
QUADRIO, A. C. *A hipossegmentação no segundo segmento do ensino fundamental* – alunos típicos e atípicos. Rio de Janeiro, 2016. Dissertação (Mestrado em Letras) – Universidade Federal do Rio de Janeiro, 2016.
ROUXEL, Annie; LANGLA DE, Gérard; REZENDE, Neide L. de. *Leitura subjetiva e ensino de literatura*. São Paulo: Alameda, 2013.
SAUSSURE, F. de. *Curso de Linguística Geral*. Trad. Antônio Chelini, José Paulo Paes, Isidoro Blikstein. 25. ed. São Paulo: Cultrix, 1999 [1922].
SCLIAR-CABRAL, Leonor. *Princípios do sistema alfabético*. São Paulo: Contexto, 2003.
_____. Evidências a favor da reciclagem neuronal para a alfabetização. *Letras de Hoje*, v. 45, n. 3, pp. 43-47, jul./set. 2010. Disponível em <http://revistaseletronicas.pucrs.br/ojs/index.php/fale/article/download/8119/5808>. Acesso em: 04 fev. 2020.
_____. *Sistema Scliar de Alfabetização – Fundamentos*. Florianópolis: Lili, 2013.
SEABRA, Alessandra G.; CAPOVILLA, Fernando C. Psicolinguística e alfabetização. In: MAIA, Marcus (Org.). *Psicolinguística, psicolinguísticas*: uma introdução. São Paulo: Contexto, 2015, pp. 113-128.
_____. *Alfabetização*: método fônico. 5. ed. São Paulo: Memnon, 2010.
SILVA, Cynthia Patusco Gomes. O papel da consciência fonológica na alfabetização de portadores de Síndrome de Down. In: MOLLICA, Maria Cecília; SILVA, Cynthia Patusco Gomes; BARBOSA, Maria de Fátima S. O. *Olhares Transversais em pesquisa, tecnologia e inovação*. Rio de Janeiro: Tempo Brasileiro, 2012.
SOARES, Magda. *Alfabetização e letramento*. São Paulo: Contexto, 2017a.
_____. *Linguagem e escola*: uma perspectiva social. São Paulo: Contexto, 2017b.
_____. *Alfabetização*: a questão dos métodos. São Paulo: Contexto, 2018.
STREET, Brian V. *Letramentos sociais*: abordagens críticas do letramento no desenvolvimento, na etnografia e na educação. Trad. Marcos Bagno. São Paulo: Parábola, 2014.
TRAUGOTT, E. C. Trousdale, G. *Constructionalization and Constructional Changes*. Oxford: Oxford University Press, 2013.
TRUDGILL, P. Accomodation Between Dialects. *Dialects in Contact*. Oxford: Blackwell, 1986.
TUNMER, William E.; ROHL, Mary. Phonological Awareness and Reading Acquisition. In: SAWYER, Diane J.; FOX, Barbara J. (Eds.) *Phonological Awareness in Reading*: The Evolution of Current Perspectives. Berlin: Springer-Verlag, 1991, pp. 1-30.

Os autores

Maria Cecilia Mollica é titular em Linguística da Universidade Federal do Rio de Janeiro e pesquisadora I do CNPq. É docente no Programa de Pós-graduação em Linguística e do PROFLETRAS da Universidade Federal do Rio de Janeiro (UFRJ) e desenvolve investigações no nível teórico, aplicado e em áreas de interfaces afetas à linguagem nas fronteiras da educação, saúde, tecnologia e ciência da informação. Tem sido responsável pela formação de várias gerações de linguistas no Brasil. Exibe vasta publicação no campo com alguns livros editados também pela Editora Contexto.

Andreia Cardozo Quadrio é doutoranda em Linguística pela Universidade Federal do Rio de Janeiro. Mestre em Letras pelo Mestrado Profissional em Letras – PROFLETRAS – na Universidade Federal do Rio de Janeiro (UFRJ), e pós-graduada em Linguística e Literatura pela Universidade Católica de Petrópolis. Formada em Letras, com licenciatura em Língua Portuguesa e Literatura de línguas portuguesas pela Universidade Católica de Petrópolis. Atua como docente em Língua Portuguesa na Secretaria de Estado de Educação do Rio de Janeiro (SEEDUC-RJ).

Hadinei Ribeiro Batista é doutor em Tecnologia e Inovação em Linguística pela Universidade Federal do Rio de Janeiro e possui mestrado em Linguística Teórica e Descritiva pela Universidade Federal de Minas Gerais. Atuou como pesquisador visitante em Lancaster University-UK, onde desenvolveu pesquisa sobre construção de *cybercorpora*, educação e identidade social. É professor da Universidade Estadual de Minas Gerais – Unidade Divinópolis.

Mariana Fernandes Fonseca é doutoranda pelo Programa de Pós-graduação em Linguística da Universidade Federal do Rio de Janeiro, mestre pelo Programa de Pós-Graduação em Linguística, e bacharel e licenciada em Letras (Português e Latim) pela mesma universidade. Foi mediadora das Jornadas Pedagógicas de Educação Infantil da Secretaria Municipal do Rio de Janeiro (2013-2017). É professora de educação infantil no Município do Rio de Janeiro e assessora III da Escola de Formação Paulo Freire.

GRÁFICA PAYM
Tel. [11] 4392-3344
paym@graficapaym.com.br